옛 집을 생각하며

옛 집을 생각하며

위고
•
송재영 옮김

민음사

그들은 지금 어디 있을까? 어떤 섬나라 임금이라도 되었을까?
더 좋은 나라에 가기 위해 우리를 버린 것일까?
이제 당신들의 추억조차 매몰되고
육체는 바닷속에, 이름은 기억에만 남았는가!
이 어둠을 점점 까맣게 물들이는 시간은
음험한 바다에 또한 우울한 망각을 던진다.

——「밤의 태양」 중에서

차례

어린아이 ─────────── 10
오월은 활짝 꽃피었네 ─────── 16
암소 ───────────── 18
보라, 애들이 둥그렇게 앉아 있다 ─── 22
밤의 태양 ────────── 26
올랭피오의 슬픔 ──────── 32
별 ───────────── 44
속죄 ───────────── 50
나는 왔노라, 보았노라, 이겼노라 ─── 60
빌키에를 찾아와서 ─────── 66
옛 집을 생각하며 ─────── 74
잠자는 보즈 ────────── 78
1848년, 시인은 무엇을 생각했던가? ── 92
잔에게 ───────────── 96
여인의 손가락 ────────── 100
로지타에게 ────────── 108
그녀는 침묵하고 있었기 때문에 ──── 110
화난 로자 ────────── 114
너무나 행복한 사람들 ─────── 116
해뜰 때의 규방 ───────── 122
씨 뿌리는 계절 ───────── 126
깨어진 항아리 ────────── 130
아브랑슈 근교에서 ──────── 134
방금 저기 모였던 사람들 ─────── 136

TABLE DES MATIÈRES

L'enfant	11
Puisque mai tout en fleur	17
La vache	19
Regardez: Les enfants se sont assis en rond	23
Oceano Nox	27
Tristesse d'Olympio	33
Stella	45
L'expiation	51
Veni, Vidi, Vixi	61
A Villequier	67
Aux feuillantines	75
Booz endormi	79
Ce que le poëte se disait en 1848	93
A Jeanne	97
Le doigt de la femme	101
A Rosita	109
C'est parce qu'elle se taisait	111
Rosa fâchée	115
Les trop heureux	117
Une alcôve au soleil levant	123
Saison de semailles	127
Le pot cassé	131
Près d'Avranches	135
Un groupe tout à l'heure était là	137

차례

해설 / 송재영
빅토르 위고의 시 세계 ——————— 140
연보 ——————————————— 147

옛 집을 생각하며

어린아이

터키 군대가 지나간 곳은 모든 게 폐허와 멸망,
술 익는 섬나라 키오[1]도 이제는 한낱 어두운 암초일 뿐.
소사나무 울창했던 키오여!
흐르는 물결 속엔 수풀이 어른대고
산 언덕과 옛 궁성 또한 비치고,
밤이면 때로는 춤추는 처녀들의 모습도 비춰 주더니, 키오여!

모든 것은 사막, 단지 불탄 성벽 옆에
파란 눈의 그리스 소년이
상처입은 머리를 숙이고 앉아 있다.
이제는 잊혀진 그 잿더미 속에서
그가 의지할 피난처는
그를 닮아 핀 한 송이 산사나무꽃.

뾰족한 바위에 맨발로 서 있는 가엾은 소년아,

---

1) 키오 Chio : 에게 해에 있는 그리스의 섬. 1822년 터키 군대에 침공 당한 바 있다.

L'ENFANT

Les Turcs ont passé là. Tout est ruine et deuil.
Chio, l'île des vins, n'est plus qu'un sombre écueil,
Chio, qu'ombrageaient les charmilles,
Chio, qui dans les flots reflétait ses grands bois,
Ses coteaux, ses palais, et le soir quelquefois
Un chœur dansant de jeunes filles.

Tout est désert. Mais non; seul près des murs noircis,
Un enfant aux yeux bleus, un enfant grec, assis,
Courbait sa tête humiliée.
Il avait pour asile, il avait pour appui
Une blanche aubépine, une fleur, comme lui,
Dans le grand ravage oubliée.

— Ah! pauvre enfant, pieds nus sur les rocs anguleux

하늘같이 파도같이 그리도 푸른
네 눈에 어리는 눈물을 닦으려면,
네 슬픈 눈물이 기쁨과 즐거움의 빛이 되어
저 하늘 속에서 한 줄기 빛으로 흐르자면,
그리고 네 금발의 머리를 일으켜세우려면,

너는 어찌 해야 되는가…… 귀여운 소년아.
칼의 수모를 받지는 않았어도[2]
버들잎같이 네 이마 위에 흩어진 머리카락을
네 하이얀 어깨 위로
기분 좋게 정말 기분 좋게 빗어 내리려면,
소년아, 너는 어찌 해야 되는가.

애타는 네 슬픔을 누가 지우리.
어두운 이란의 샘[3]가에 피는
네 푸른 눈동자만큼이나 푸른 이 백합이련가.

---

[2] 전쟁 포로들의 머리를 깎는 것을 말한다.
[3] 조로아스터교의 일파인 파르시교에 의하면 악령은 심연 속에 빠져 있다고 한다.

Hélas! pour essuyer les pleurs de tes yeux bleus
Comme le ciel et comme l'onde,
Pour que dans leur azur, de larmes orageux,
Passe le vif éclair de la joie et des jeux,
Pour relever ta tête blonde,

Que veux-tu?··· Bel enfant, que te faut-il donner,
Pour rattacher gaîment et gaîment ramener
En boucles sur ta blanche épaule
Ces cheveux, qui du fer n'ont pas subi l'affront,
Et qui pleurent épars autour de ton beau front,
Comme les feuilles sur le saule?

Qui pourrait dissiper tes chagrins nébuleux?
Est-ce d'avoir ce lis, bleu comme tes yeux bleus,
Qui d'Iran borde le puits sombre?

그 위대한 나무, 튜바⁴⁾의 과일인가.
쉬지 않고 달리는 말도 백 년은 걸려야
어둠 속에서 그걸 찾아낼 텐데.

오보에보다 더 달콤하게 노래하고
심벌즈보다 더 쾌활하게 노래하는
숲속의 예쁜 새가 있다면 너는 미소하겠지?
네가 원하는 것은? 꽃인가, 향긋한 과일인가 또 어여쁜 새인가?
그러나 파란 눈동자의 소년, 그 그리스 소년은 말하네,
―― 나는 화약과 총알을 원한다고.

---

4) 코란에서 말하는 〈천국에 있는 행복의 나무〉.

Ou le fruit du tuba, de cet arbre si grand,

Qu'un cheval au galop met, toujours en courant,

Cent ans à sortir de son ombre?

Veux-tu, pour me sourire, un bel oiseau des bois,

Qui chante avec un chant plus doux que le hautbois,

Plus éclatant que les cymbales?...

Que veux-tu? fleur, beau fruit, ou l'oiseau merveilleux?

— Ami, dit l'enfant grec, dit l'enfant aux yeux bleus,

Je veux de la poudre et des balles. —

오월은 활짝 꽃피었네

활짝 꽃핀 오월의 목장은 우리를 부르나니
오라, 그리고 지칠 줄 모르게 그대 가슴에 안아라,
저 산촌(山村)과 숲, 멋진 그늘,
잔잔한 물결 옆의 저 휘황한 달빛,
큰길까지 가 닿는 저 오솔길,
이 바람과 봄, 그리고 가없는 지평선,
천상의 옷 아래 닿는 입술같이
겸손하고 즐거운 이 땅의 지평선을!
오라, 그리고 숱한 장막을 지나
이 지상에 내리는 저 수줍은 별들의 시선,
향기와 노래가 스며든 나무,
들판에서 끓어오르는 한낮의 숨소리,
그늘과 태양, 파도와 녹음,
그리고 이 모든 자연의 빛남이
마치 한 송이 두 겹의 꽃처럼
그대 이마에 아름다움을, 그대 가슴에 사랑을 꽃피우게 하라!

PUISQUE MAI TOUT EN FLEUR

Puisque mai tout en fleur dans les prés nous réclame,
Viens! ne te lasse pas de mêler à ton âme
La campagne, les bois, les ombrages charmants,
Les larges clairs de lune au bord des flots dormants,
Le sentier qui finit où le chemin commence,
Et l'air et le printemps et l'horizon immense,
L'horizon que ce monde attache humble et joyeux
Comme une lèvre au bas de la robe des cieux!
Viens! et que le regard des pudiques étoiles,
Qui tombe sur la terre à travers tant de voiles,
Que l'arbre pénétré de parfums et de chants,
Que le souffle embrasé de midi dans les champs,
Et l'ombre et le soleil, et l'onde et la verdure,
Et le rayonnement de toute la nature
Fassent épanouir, comme une double fleur,
La beauté sur ton front et l'amour dans ton cœur!

암소

한낮이 되면 목장 앞 따스한 문턱에
한 노인이 와 앉는다.
닭은 빨간 볏을 신나게 흔들어대고
야경하는 개는 개집에서
햇빛에 번쩍이는 베르니스 종의 예쁜 장닭이
새벽을 알리는 노랫소리를 듣는다.
방금 붙들어 온 암소도 저기 있구나.
늘씬하고 통통한 흰점박이 갈색의 암소,
어린 새끼를 품은 암사슴같이 귀엽구나.
배 밑에 매달려 젖 빠는 저 송아지들,
대리석 같은 이빨, 풀섶 같은 털,
새까만 벽보다도 더 그슬렸지만 야들야들하고
목 터지게 소리지르며 떠들어댄다.
어미 젖꼭지에 사정없이 매달려
안 나오는 젖을 억지로 빨아대고,
즐겁게 허우적거리며 입술을 갖다대고,
발가락으로 숱한 젖 구멍을 눌러대며
갈색 어미소의 자양분을 빨아낸다.
보물을 가득 품은 착하고 용감한 어미소,

LA VACHE

Devant la blanche ferme où parfois vers midi
Un vieillard vient s'asseoir sur le seuil attiédi,
Où cent poules gaîment mêlent leurs crêtes rouges,
Où, gardiens du sommeil, les dogues dans leurs bouges
Ecoutent les chansons du gardien du réveil,
Du beau coq vernissé qui reluit au soleil,
Une vache était là, tout à l'heure arrêtée.
Superbe, énorme, rousse et de blanc tachetée,
Douce comme une biche avec ses jeunes faons,
Elle avait sous le ventre un beau groupe d'enfants,
D'enfants aux dents de marbre, aux cheveux en broussailles,
Frais, et plus charbonnés que de vieilles murailles,
Qui, bruyants, tous ensemble, à grands cris appelant
D'autres qui, tout petits, se hâtaient en tremblant,
Dérobant sans pitié quelque laitière absente,
Sous leur bouche joyeuse et peut-être blessante,
Et sous leurs doigts pressant le lait par mille trous,
Tiraient le pis fécond de la mère au poil roux.
Elle, bonne et puissante et de son trésor pleine,

새끼들이 발가락으로 간지럽혀 이따금 몸을 떨면서,
표범보다 더 짙은 색깔의 배 밑으로
멍하니 정신없이 시선을 보낸다.
자연이여! 모든 생명의 안식처여!
세계의 어머니, 관대한 자연이여!
그리도 신비하고 육감적인 것,
네 영원한 배 밑에서 그늘과 젖을 찾아
우리들 학자와 시인은 함께 어울려
네 힘찬 젖꼭지 둘레에 매달려 있다.
굶주려 소리소리 질러대며
끝없는 네 샘물에 우리 마음의 갈증을 풀고,
그것은 언젠가 우리의 피와 영혼이 되기에,
우리는 네 빛과 불꽃을 간절히 갈구한다.
나뭇잎과 하늘, 또한 푸른 목장과 하늘이여!
그대는 조용히 하느님을 그린다.

Sous leurs mains par moments faisant frémir à peine

Son beau flanc plus ombré qu'un flanc de léopard,

Distraite, regardait vaguement quelque part.

Ainsi, Nature! abri de toute créature!

O mère universelle! indulgente Nature!

Ainsi, tous à la fois, mystiques et charnels,

Cherchant l'ombre et le lait sous tes flancs éternels,

Nous sommes là, savants, poètes, pêlemêle,

Pendus de toutes parts à ta forte mamelle!

Et tandis qu'affamés, avec des cris vainqueurs,

A tes sources sans fin désaltérant nos cœurs,

Pour en faire plus tard notre sang et notre âme,

Nous aspirons à flots ta lumière et ta flàmme,

Les feuillages, les monts, les prés verts, le ciel bleu,

Toi, sans te déranger, tu rêves à ton Dieu!

보라, 애들이 둥그렇게 앉아 있다

보라, 애들이 둥그렇게 앉아 있다.
누나같이 보이는 아직도 젊은 여자,
어머니는 그 곁에서
애들의 순진한 장난을 지켜보며,
운명의 투표함에서 미지의 숫자가
튀어나오지 않을까 불안해 한다.

어머니 옆에선 웃음이 터져나오고 울음이 그친다.
그녀의 마음 또한 어린것들같이 순수하고,
우아한 기품은 고귀해서,
땅 위에 내리는 햇살을 통해
꾸준하고 벅찬 보살핌 끝에
삶은 이제 시로 바뀌어간다.

그녀는 애들을 조심스레 지켜본다.
정월이 되어 따스한 난로가에 모여들어
정신없이 놀 때나,
물결 출렁이는 오월의 미풍이
머리 위로 나뭇잎 날리고

REGARDEZ : LES ENFANTS SE SONT ASSIS EN ROND···

Regardez: les enfants se sont assis en rond.
Leur mère est à côté, leur mère au jeune front
Qu'on prend pour une sœur aînée;
Inquiète, au milieu de leurs jeux ingénus,
De sentir s'agiter leurs chiffres inconnus
Dans l'urne de la destinée.

Près d'elle naît leur rire et finissent leurs pleurs.
Et son cœur est si pur et si pareil aux leurs,
Et sa lumière est si choisie,
Qu'en passant à travers les rayons de ses jours,
La vie aux mille soins, laborieux et lourds,
Se transfigure en poésie!

Toujours elle les suit, veillant et regardant,
Soit que janvier rassemble au coin de l'âtre ardent
Leur joie aux plaisirs occupés;
Soit qu'un doux vent de mai, qui ride le ruisseau,
Remue au-dessus d'eux les feuilles, vert monceau

푸른 산에 짙은 그림자 드리게 할 때도.

불쌍한 거지가 그 옆을 지나다가
예쁜 은제 딸랑이를 노려볼 때,
배가 고파 그것을 탐할 때
그녀는 하나님의 이름으로 딸랑이를 선사한다.
그것은 애들의 천사,
그녀에겐 부드러운 미소만이 필요하다.

그녀와 애들을 함께 쳐다보노라면,
모래밭 위를 날으는 새들마냥
내 곁에서 기쁘게 그들이 뛰놀 때
가슴은 뛰고 끓어오르니,
꿈 많은 내 이마가 열리듯 하네,
끓는 물에 덜컥거리는 솥뚜껑같이.

D'où tombe une ombre découpée.

Parfois, lorsque passant près d'eux un indigent
Contemple avec envie un beau hochet d'argent
Que sa faim dévorante admire,
La mère est là; pour faire, au nom du Dieu vivant,
Du hochet une aumône, un ange de l'enfant,
Il ne lui faut qu'un doux sourire.

Et moi qui, mère, enfants, les vois tous sous mes yeux,
Tandis qu'auprès de moi les petits sont joyeux
Comme des oiseaux sur les grèves,
Mon cœur gronde et bouillonne, et je sens lentement,
Couvercle soulevé par un flot écumant,
S'entr'ouvrir mon front plein de rêves.

밤의 태양

오, 멀리 바다를 향해
들뜬 마음으로 떠난 수부(水夫)와 선장이
저 음울한 수평선에서 그 몇이나 침몰했던가,
영원히 사라진 그 많은 사람들의 고달프고 슬픈 운명이여!
달 없는 밤 끝없이 깊은 바다 위에
영원히 침전한 사람들이여!

선원과 함께 익사한 선주!
폭풍은 그들 인생의 전장(全章)을 몰아가서
단숨에 파도 위에 죄다 흩날렸구나!
저 깊은 심연에 빠진 그들 운명을 뉘 알리!
파도는 노획물을 휩쓸어가고
조각배와 뱃사람도 다 함께 삼켜버렸다!

가엾이 버림받은 그대들의 운명을 뉘 알리!
음험한 파도에 실려 흘러가며
죽은 이마로 미지의 암초와 부딪친다!
그래도 행여나 희망을 품고 매일 바닷가에 나가

OCEANO NOX

Oh! combien de marins, combien de capitaines
Qui sont partis joyeux pour des courses lointaines,
Dans ce morne horizon se sont évanouis!
Combien ont disparu, dure et triste fortune!
Dans une mer sans fond, par une nuit sans lune,
Sous l'aveugle océan à jamais enfouis!

Combien de patrons morts avec leurs équipages!
L'ouragan de leur vie a pris toutes les pages
Et d'un souffle il a tout dispersé sur les flots!
Nul ne saura leur fin dans l'abîme plongée.
Chaque vague en passant d'un butin s'est chargée;
L'une a saisi l'esquif l'autre les matelots!

Nul ne sait votre sort, pauvres têtes perdues!
Vous roulez à travers les sombres étendues,
Heurtant de vos fronts morts des écueils inconnus.
Oh! que de vieux parents, qui n'avaient plus qu'un rêve,

돌아오지 않는 이 기다리다가
　　죽어간 어버이는 몇몇이던가!

그래도 가끔 저녁땐 당신들 이야기를 하지.
녹슨 닻 위에 빙 둘러앉아
어둠 속에 사라진 당신의 이름을 떠올리다 보면
웃음과 흥얼거림, 옛 모험담,
당신들을 떠나보낸 예쁜 약혼녀들의 입맞춤이 생각나지만
당신들은 푸른 해초 속에 잠들고 있겠지.

　　── 그들은 지금 어디 있을까? 어떤 섬나라 임금이라도 되었을까?
더 좋은 나라에 가기 위해 우리를 버린 것일까?
이제 당신들의 추억조차 매몰되고
육체는 바닷속에, 이름은 기억에만 남았는가!
이 어둠을 점점 까맣게 물들이는 시간은
음험한 바다에 또한 우울한 망각을 던진다.

Sont morts en attendant tous les jours sur la grève
Ceux qui ne sont pas revenus!

On s'entretient de vous parfois dans les veillées.
Maint joyeux cercle, assis sur des ancres rouillées,
Mêle encor quelque temps vos noms d'ombre couverts
Aux rires, aux refrains, aux récits d'aventures,
Aux baisers qu'on dérobe à vos belles futures,
Tandis que vous dormez dans les goëmons verts!

On demande: — Où sont-ils? sont-ils rois dans quelque île?
Nous ont-ils délaissés pour un bord plus fertile?
Puis votre souvenir même est enseveli.
Le corps se perd dans l'eau, le nom dans la mémoire.
Le temps, qui sur toute ombre en verse une plus noire,
Sur le sombre océan jette le sombre oubli.

머지 않아 당신의 그림자는 사람들의 눈에서 사라지려니,
어떤 사람은 배를 갖지 않았고 또 어떤 사람은 쟁기가 없단 말인가?
폭풍이 세차게 불어 오던 그날 밤에
그대들 기다림에 지친 부인네들은
타 버린 가슴의 재 또한 화로의 재를 뒤적이며
창백한 낯빛으로 그대 이야기를 한다.

마침내 두 눈을 감고 무덤으로 향할 때
그대 이름을 누가 알 것이며,
산울림만 퍼지는 좁은 묘지에 묘비도 없이
가을철이면 잎 지는 버드나무도 없이
옛 다리 구석에서 걸인이 불러 주는
간절하고 단조로운 노래조차 없이!

어두운 밤 속으로 함몰한 뱃사람 지금 어디 있는가?
아, 파도여 너만은 그 슬픈 이야기 알고 있겠지,
어머니가 무릎 꿇고 떨며 기도한 사나운 파도여!

Bientôt des yeux de tous votre ombre est disparue.
L'un n'a-t-il pas sa barque et l'autre sa charrue ?
Seules, durant ces nuits où l'orage est vainqueur,
Vos veuves aux fronts blancs, lasses de vous attendre,
Parlent encor de vous en remuant la cendre
    De leur foyer et de leur cœur !

Et quand la tombe enfin a fermé leur paupière,
Rien ne sait plus vos noms, pas même une humble pierre
Dans l'étroit cimetière où l'écho nous répond,
Pas même un saule vert qui s'effeuille à l'automne,
Pas même la chanson naïve et monotone
Que chante un mendiant à l'angle d'un vieux pont !

Où sont-ils, les marins sombrés dans les nuits noires ?
O flots, que vous savez de lugubres histoires !
Flots profonds redoutés des mères à genoux !

올랭피오[1]의 슬픔

들판은 어둡지 않았고 하늘도 침침하지 않았느니,
태양은 끝없는 하늘 가운데서
대지를 내리비치고 있었다,
대기는 향기로 가득하고 목장은 푸르렀다,
가슴의 상처만 그리도 키워 주던
이곳에 그가 다시 왔을 때!

가을은 미소하고 하늘은 황금빛,
들판에 솟은 언덕의 나뭇잎은
노랗게 시들고 있었다.
일체를 이름하는 그분을 향해
어쩌면 하느님께 인간을 말하면서
새들은 성가를 노래하고 있었다.

---

[1] 올랭피오는 위고의 정신적 분신이다. 딸의 죽음, 친구의 배신, 정치적 환멸 등으로 인한 심한 좌절감에서 배회하던 위고는 쥘리에트 드루에와 사랑에 빠지면서 새롭게 변신하며, 또한 시에 있어서도 올랭피오라는 새로운 인격체를 발견한다. 올랭피오는 항시 시인 곁에 살면서 그의 고독, 슬픔, 사랑, 좌절 등 모든 내면 세계를 성찰하고 대변하는 위고의 정신적 대변자이다.

TRISTESSE D'OLYMPIO

Les champs n'étaient point noirs, les cieux n'étaient pas mornes,

Non, le jour rayonnait dans un azur sans bornes

Sur la terre étendu,

L'air était plein d'encens et les prés de verdures

Quand il revit ces lieux où par tant de blessures

Son cœur s'est répandu!

L'automne souriait; les coteaux vers la plaine

Penchaient leurs bois charmants qui jaunissaient à peine:

Le ciel était doré;

Et les oiseaux tournés vers Celui que tout nomme,

Disant peut-être à Dieu quelque chose de l'homme,

Chantaient leur chant sacré.

모든 게 다시 보고 싶었으리, 그 샘가의 연못,
주머니 털어 적선을 하던 그 오막살이,
가지 숙인 나이 먹은 물푸레나무,
으슥한 숲 속에 숨은 사랑의 은신처,
모든 걸 잊은 채
가슴 설레며 입맞추던 곳.

그는 찾고 있다, 정원과 외딴집을
철책 구멍으로 보이는 비스듬한 오솔길
또한 경사진 과수원을.
창백한 모습으로 걷고 있었다
뚜벅뚜벅 우울한 발자국 소리를 듣고,
그는 보았다 —— 드리운 나뭇가지와 다시는 오지 않을 그날을.

평화로운 들판에 어리는
자연의 찬란한 형체를 오래도록 바라보며
그는 해질 무렵까지 꿈을 꾸었다.
숭고한 얼굴의 하늘

Il voulut tout revoir, l'étang près de la source,
La masure où l'aumône avait vidé leur bourse,
Le vieux frêne plié.
Les retraites d'amour au fond des bois perdues,
L'arbre où dans les baisers leurs âmes confondues
Avaient tout oublié.

Il chercha le jardin, la maison isolée,
La grille d'où l'œil plonge en une oblique allée.
Les vergers en talus.
Pâle, il marchait. — Au pruit de son pas grave et sombre,
Il voyait à chaque arbre, hélas! se dresser l'ombre
Des jours qui ne sont plus!

Il contempla longtemps les formes magnifiques
Que la nature prend dans les champs pacifiques;
Il rêva jusqu'au soir;
Tout le jour il erra le long de la ravine,

숭고한 거울의 호수를 차례로 찬미하면서
산골짜기 물을 따라 그는 하루종일 헤매었다.

지난날의 달콤한 모험을 회상하며
울타리 너머 쳐다보면서도
천한 종놈같이 집 안엔 들지 못하고,
그는 진종일 헤맬 뿐이었다.
밤이 되자 무덤같이 슬픈 마음으로
그는 소리질렀다.

오 슬프도다, 떨리는 마음으로 알고 싶나니
자연은 아직도 옛날 모습 간직하고 있는지,
또한 내 가슴에 아로새긴
저 복된 계곡은 어찌 되었는지!

잠깐 사이에 모든 것이 변하다니,
저 신선한 자연을 너 또한 잊었단 말인가!
우리 마음을 묶고 있는 그 신비한 줄을
마음대로 끊어 버리고 변형시켰는가!

Admirant tour à tour le ciel, face divine,
Le lac, divin miroir!

Hélas! se rappelant ses douces aventures,
Regardant, sans entrer, par-dessus les clôtures,
Ainsi qu'un paria,
Il erra tout le jour. Vers l'heure où la nuit tombe,
Il se sentit le cœur triste comme une tombe;
Alors il s'écria:

O douleur: j'ai voulu, moi dont l'âme est troublée,
Savoir si l'urne encor conservait la liqueur,
Et voir ce qu'avait fait cette heureuse vallée
De tout ce que j'avais laissé là de mon cœur!

Que peu de temps suffit pour changer toutes choses.
Nature au front serein, comme vous oubliez!
Et comme vous brisez dans vos métamorphoses
Les fils mystérieux où nos cœurs sont liés!

나뭇잎으로 가린 우리 방도 이제 변해 버리고
우리 이름 새겨 놓았던 나무도 죽어 넘어지고
울타리에 심은 장미는
어린아이들의 발굽 아래 다 망가졌구나.

〈중략〉

신은 우리에게 잠깐 동안 목장과 분수,
소슬대는 숲과 아늑하고 조용한 동굴,
아, 그뿐인가 파란 하늘과 호수 그리고 들판에
우리들 마음과 꿈 또한 사랑을 안겨 주는가 했더
니,

다시 이 모든 걸 빼앗아 가고, 우리 생명의 불꽃에
입김을 부네.
환히 빛나는 우리 방에 어둠을 몰아오며
우리들 마음 새겨진 이 계곡에
신은 매정하게 말씀하시네, 옛 추억과 우리 이름을
지워 버리라고.

Nos chambres de feuillage en halliers sont changées!
L'arbre où fut notre chiffre est mort ou renversé;
Nos roses dans l'enclos ont été ravagées
Par les petits enfants qui sautent le fossé.

....

Dieu nous prête un moment les prés et les fontaines,
Les grands bois frissonnants, les rocs profonds et sourds
Et les cieux azurés, et les lacs et les plaines,
Pour y mettre nos cœurs, nos rêves, nos amours;

Puis il nous les retire. Il souffle notre flamme.
Il plonge dans la nuit l'antre où nous rayonnons;
Et dit à la vallée, où s'imprima notre âme,
D'effacer notre trace et d'oublier nos noms.

이제 우리를 잊어 다오, 집과 정원 또한 나무 그늘
이여!
잡초여! 우리 문턱까지 덮어 주고, 가시 덤불이여, 우
리 발자국을 가려 다오.
새들은 노래하고 시냇물은 흐르거라, 나뭇잎이여, 울
창하라,
너는 잊어버려도 우리는 잊지 못하리니,

너는 우리 사랑의 그림자!
너는 사막에서 만난 오아시스!
오 계곡이여, 너는 최상의 은식처
우리는 거기서 손을 붙들고 울었다!

나이 들면 정열도 사라져 간다.
정열의 가면도 칼도 멀리 가 버린다.
익살부리는 떠돌이 어릿광대처럼.
언덕 너머에선 그런 익살은 믿지도 않지.
우리를 매혹하는 사랑이여, 그 무엇도 너를 지우지
못하리,

Eh bien! oubliez-nous, maison, jardin, ombrages!
Herbe, use notre seuil! ronce, cache nos pas!
Chantez, oiseaux! ruisseaux, coulez! croissez, feuillages!
Ceux que vous oubliez ne vous oublieront pas.

Car vous êtes pour nous l'ombre de l'amour même!
Vous êtes l'oasis qu'on rencontre en chemin!
Vous êtes, ô vallon, la retraite suprême
Où nous avons pleuré, nous tenant par la main!

Toutes les passions s'éloignent avec l'âge,
L'une emportant son masque et l'autre son couteau,
Comme un essaim chantant d'histrions en voyage
Dont le groupe décroît derrière le coteau.

Mais toi, rien ne t'efface, amour! toi qui nous charmes,

그대 안개 속에서 활활 타오르는 횃불이여!
우리를 기쁘게 하고 때로는 눈물 젖게도 하나니,
젊어서는 너를 저주하고 늙어서는 너를 찬양하도다.

Toi qui, torche ou flambeau, luis dans notre brouillard !

Tu nous tiens par la joie, et surtout par les larmes ;

Jeune homme on te maudit, on t'adore vieillard. —

별[1]

그날 밤 나는 모래밭에서 잠자다가
시원한 바람에 꿈에서 깨었다.
두 눈을 떠 보니
새벽 별이 멀리 하늘가에서
희미하고 아득하게 빛나고 있었다.
고통과 함께 북풍은 사라지고
빛나는 별빛에 먹구름은 부드러운 솜털이 되어 버렸다.
사색하고 생활하는 별빛,
별빛은 파도가 넘실대는 암초를 잠재웠고
진주 같은 파도 너머엔 영혼이 보일 듯했다.
밤은 여전히 헛된 그늘을 드리우고
하늘은 고귀한 미소로 빛나고 있었다.
별빛은 기울어진 돛대 위를 은색으로 내리비치고
배는 컴컴하고 돛은 하얗게 보였다.
낭떠러지에 조심스레 서 있는
커다란 갈매기가 응시하는 별,

---

1) 별 : 불의와 폭력에 대항하여 지구를 지키는 별이다. 별을 주제로 한 시는 라마르틴의 「하늘은 무한하고……」와 뮈세의 「밤 하늘의 별」에서도 나타난다. 이들 작품을 비교해 읽으면 더욱 흥미롭다.

STELLA

Je m'étais endormi la nuit près de la grève.
Un vent frais m'éveilla, je sortis de mon rêve,
J'ouvris les yeux, je vis l'étoile du matin,
Elle resplendissait au fond du ciel lointain
Dans une blancheur molle, infinie et charmante.
Aquilon s'enfuyait emportant la tourmente.
L'astre éclatant changeait la nuée en duvet
C'était une clarté qui pensait, qui vivait;
Elle apaisait l'écueil où la vague déferle;
On croyait voir une âme à travers une perle.
Il faisait nuit encor, l'ombre régnait en vain.
Le ciel s'illuminait d'un sourire divin.
La lueur argentait le haut du mât qui penche;
Le navire était noir, mais la voile était blanche;
Des goélands debout sur un escarpement,
Attentifs, contemplaient l'étoile gravement

그것은 천상의 새, 광명의 새 같았다.
백성을 닮은 바다는 별을 향해 흐르고
조용히 포효하며 빛나는 별을 쳐다보고
그 별이 사라질까 무서워한다.
끝없는 사랑은 이 공간을 가득 채우고
발 아래 밟히는 푸른 잡초는 정신없이 떨고 있고,
새들은 둥지에서 조잘대고
잠에서 깨어난 꽃은 네게 말한다── 별은 내 누이
라고.
어둠이 긴 장막을 거둘 때
별에서 들려오는 소리를 나는 들었다── 나는 제일
먼저 나타나는 하늘의 성좌,
내가 무덤 속에 갇힌 줄 알았지만 이렇게 밖으로 나
온다
나는 시나를 비추었고 테제트[2]를 비추었다
나는 황금의 자갈, 신이 던지는 불빛이다,

---

2) 시나 Sina : 모세가 율법을 받은 산. 테제트 Taygète : 스파르타 근처의 페르포네소스산. 위의 두 산 이름은 진리와 정의의 이름으로 행해지는 법을 상징한다.

Comme un oiseau céleste et fait d'une étincelle.
L'océan, qui ressemble au peuple, allait vers elle,
Et, rugissant tout bas, la regardait briller,
Et semblait avoir peur de la faire envoler.
Un ineffable amour emplissait l'étendue.
L'herbe verte à mes pieds frissonnait éperdue,
Les oiseaux se parlaient dans les nids; une fleur
Qui s'éveillait me dit: C'est l'étoile ma sœur.
Et pendant qu'à longs plis l'ombre levait son voile,
J'entendis une voix qui venait de l'étoile
Et qui disait: — Je suis l'astre qui vient d'abord.
Je suis celle qu'on croit dans la tombe et qui sort.
J'ai lui sur le Sina, j'ai lui sur le Taygète;
Je suis le caillou d'or et de feu que Dieu jette,

어두운 한밤에 석궁(石弓)으로 던지는.
나는 한세상 무너질 때 새로 태어나는 사람,
오 국가여! 나는 열렬한 포에지이다.
나는 모세를 비추었고 단테를 비추었다.
사자 같은 바다는 나를 사랑한다.
나는 거기 가리니, 일어나라 양심과 용기 또한 신념이여!
생각하는 사람, 정신이여! 탑 위에 오르라, 파수꾼이여!
눈뜨라, 빛을 뿜으라, 그대 눈동자여!
대지여, 밭고랑을 갈아라! 생명이여, 소리를 내어라!
잠자는 자여 일어서라! 나를 따르는 자,
나를 맨앞으로 내보내는 자,
그것은 천사 같은 자유, 또한 거대한 광명이다.

Comme avec une fronde, au front noir de la nuit,
Je suis ce qui renaît quand un monde est détruit.
O nations! je suis la poésie ardente.
J'ai brillé sur Moïse et j'ai brillé sur Dante.
Le lion océan est amoureux de moi.
J'arrive. Levez-vous, vertu, courage, foi!
Penseurs, esprits, montez sur la tour, sentinelles!
Paupières, ouvrez-vous; allumez-vous, prunelles,
Terre, émeus le sillon, vie, éveille le bruit,
Debout, vous qui dormez! — Car celui qui me suit,
Car celui qui m'envoie en avant la première,
C'est l'ange Liberté, c'est le géant Lumière!

속죄

눈이 내리고 있었다. 승리는 패배로 끝났다.
처음으로 군기(軍旗)는 머리를 숙였다.
참담한 시대여! 황제는 천천히 회군하고 있었다.
등뒤로 불타는 모스크바를 남겨 두고
눈이 내리고 있었다. 혹독한 겨울은 눈사태를 이루었다.
흰 들판을 지나고 나면 또다시 흰 들판
지휘관도 군기도 더 이상 알아볼 수 없었다.
어제의 개선 군대가 오늘은 오합지졸
대오는 흩어지고 사령부는 보이지 않았다.
눈이 내리고 있었다. 부상병들은 죽은 말의 배에
몸을 눕히고 있었다. 비탄에 젖은 야영 부대 초소에는
꽁꽁 얼어붙은 나팔수들의 모습이 보였다.
말없이 선 채로 또는 안장에 걸터앉은 채
하얗게 눈에 덮여 돌같이 굳은 입술로 트럼펫을 물고 있었다.
포탄과 실탄, 또 포탄이 눈송이와 뒤섞여 쏟아지고 있었다.
지축이 흔들리는 소리에 놀란 선발대원들은

L'EXPIATION

Il neigeait. On était vaincu par sa conquête.
Pour la première fois l'aigle baissait la tête.
Sombres jours! l'empereur revenait lentement,
Laissant derrière lui brûler Moscou fumant.
Il neigeait. L'âpre hiver fondait en avalanche.
Après la plaine blanche une autre plaine blanche.
On ne connaissait plus les chefs ni le drapeau.
Hier la grande armée, et maintenant troupeau.
On ne distinguait plus les ailes ni le centre:
Il neigeait. Les blessés s'abritaient dans le ventre
Des chevaux morts; au seuil des bivouacs désolés
On voyait des clairons à leur poste gelés
Restés debout, en selle et muets, blancs de givre,
Collant leur bouche en pierre aux trompettes de cuivre.
Boulets, mitraille, obus, mêlés aux flocons blancs,
Pleuvaient; les grenadiers, surpris d'être tremblants,

턱수염이 하얗게 얼어붙은 채 생각에 잠겨 걷고 있었다.

눈이 내리고 있었다. 계속해서 눈이 내리고 있었다.

차가운 폭풍이 불어 오고 있었다.

빙판 위에서, 남의 나라에서 그들은 굶은 채 걷고 있었다.

그들은 이제 살아 있는 사람도 아니고 전사자도 아니다.

안개 속을 헤매는 꿈이며 신비이다.

캄캄한 하늘 아래를 걸어가는 유령의 행렬이다.

보기에도 무서운 황량한 들판이

말없는 복수의 화신인 양 가도가도 끝나지 않았다.

하늘은 이 대군(大軍)에게 조용히

폭설로 시포(屍布)를 깔아 주었다.

모두들 죽음이 닥쳐 옴을 알고 있었지만 혼자일 뿐이다.

──아 죽음의 지옥에서 해방될 수 있을 것인가?

적은 둘이었다. 러시아 황제와 북국──그리고 북국은 더 가혹했다.

Marchaient pensifs, la glace à leur moustache grise.
Il neigeait, il neigeait toujours! la froide bise
Sifflait; sur le verglas, dans des lieux inconnus,
On n'avait pas de pain et l'on allait pieds nus.
Ce n'étaient plus des cœurs vivants, des gens de guerre;
C'était un rêve errant dans la brume, un mystère,
Une procession d'ombres sous le ciel noir.
La solitude vaste, épouvantable à voir,
Partout apparaissait, muette vengeresse.
Le ciel faisait sans bruit avec la neige épaisse
Pour cette immense armée un immense linceul;
Et, chacun se sentant mourir, on était seul.
— Sortira-t-on jamais de ce funeste empire?
Deux ennemis! le Czar, le Nord. Le Nord est pire.

병사들은 포가(砲架)를 태우기 위해 대포를 내버렸다.
잠이 든 병사들은 다 죽어 갔다──풍비박산이 돼 버린 군대.

그들은 퇴각하고 있었다. 눈밭은 행렬을 기진맥진시켰다.

눈보라 휘몰아치는 밭두렁에
많은 부대의 병사들이 잠들어 있는 게 보였다.
아, 한니발[1]의 후퇴여! 아틸라[2]의 내일이여!
패잔병, 부상병, 전사자, 운반차, 들것, 손수레들이
강을 건너려고 다리 위에서 북새통을 이루고 있었다.
만 명의 병사가 잠들면 깨어나는 병사는 고작 백 명.
일찍이 대군을 지휘하던 네 장군[3]도 도망치면서
세 코사크 기병과 시계를 놓고 다투고 있었다.
하룻밤 지나고 나면 또 누가 살아 남을까? 경계령!

---

1) 한니발 Annibal : BC 247-183. 카르타고의 장군. 로마를 상대로 싸워 한때 대승을 거두었으나 자마 전쟁에서 패하여 망명 후 자살했다.
2) 아틸라 Attila : ?-453. 게르만족을 정복하고 한때 중앙 유럽을 지배했지만 결국 로마 연합군에게 패배했다.
3) 네 Michel Ney : 1769-1815. 나폴레옹 휘하의 장군이었으나 나폴레옹이 몰락한 뒤 처형당했다.

On jetait les canons pour brûler les affûts.

Qui se couchait, mourait. Groupe morne et confus,

Ils fuyaient; le désert dévorait le cortège.

On pouvait, à des plis qui soulevaient la neige,

Voir que des régiments s'étaient endormis là.

O chutes d'Annibal! Lendemains d'Attila!

Fuyards, blessés, mourants, caissons, brancards, civières,

On s'ecrasait aux ponts pour passer les rivières.

On s'endormait dix mille, on se réveillait cent.

Ney, que suivait naguère une armée, à présent

S'évadait, disputant sa montre à trois cosaques.

Toutes les nuits, qui vive! alerte! assauts! attaques!

습격! 공격!
유령들은 무기를 들고 일어나고 병사들은 보았다……
대머리 독수리의 목소리 같은 소리를 지르며
무서운 기마병과 황색 인종의 무리들이
무섭고 엉큼하게 그들한데 덤비는 것을.
부대 전체가 이렇듯이 밤 사이에 패배하고 말았다.
황제는 선 채로 망연히 쳐다보고 있었다.
황제는 도끼질을 당하는 나무와도 같았다.
이 거인, 그때까지 버티어 온 이 위인에게
불행은 음흉한 나무꾼같이 찾아왔다.
늠름한 떡갈나무 같았던 그가 이제 도끼에 찍혀
이 유령 같은 광경을 보고 비참한 복수에 몸을 떨었다.
지휘관도 사병도 모두 죽어 갔다. 저마다 죽을 차례다.
아직도 존경하는 마음으로 황제의 천막을 둘러싸고
안에서 왔다갔다 하는 그의 그림자를 쳐다볼 때
거기 서 있던 병사들은 여전히 그의 위엄을 믿으면서
불경죄를 저지르는 자신들의 운명을 저주했다.
황제도 갑자기 마음속으로 무서워졌다.

Ces fantômes prenaient leurs fusils, et sur eux
Ils voyaient se ruer, effrayants, ténébreux,
Avec des cris pareils aux voix des vautours chauves,
D'horribles escadrons, tourbillons d'hommes fauves.
Toute une armée ainsi dans la nuit se perdait.
L'empereur était là, debout, qui regardait.
Il était comme un arbre en proie à la cognée.
Sur ce géant, grandeur jusqu'alors épargnée,
Le malheur, bûcheron sinistre, était monté;
Et lui, chêne vivant, par la hache insulté,
Tressaillant sous le spectre aux lugubres revanches,
Il regardait tomber autour de lui ses branches.
Chefs, soldats, tous mouraient. Chacun avait son tour.
Tandis qu'environnant sa tente avec amour,
Voyant son ombre aller et venir sur la toile,
Ceux qui restaient, croyant toujours à son étoile,
Accusaient le destin de lèse-majesté,
Lui se sentit soudain dans l'âme épouvanté.

재앙에 놀라고 어찌할 바를 몰라
황제는 신을 향해 몸을 돌렸다. 영광스러운 황제도
떨고 있었다. 나폴레옹은 그 무언인가 후회스러웠다.
눈밭에 흩어져 있는 여러 군단의 병사를 보고
그는 창백하고 불안한 모습으로 반문한다.
──이런 형벌을 주시렵니까? 군대의 신이여!
그러자 그의 이름을 부르는 소리가 들려온다.
어둠 속에서 이야기하던 그 누군가가 말한다──
아니오.

Stupéfait du désastre et ne sachant que croire,

L'empereur se tourna vers Dieu; l'homme de gloire

Trembla; Napoléon comprit qu'il expiait

Quelque chose peut-être, et, livide, inquiet,

Devant ses légions sur la neige semées:

— Est-ce le châtiment, dit-il, Dieu des armées? —

Alors il s'entendit appeler par son nom

Et quelqu'un qui parlait dans l'ombre lui dit: non.

나는 왔노라, 보았노라, 이겼노라[1]

이젠 살 만큼 살아서 아무리 괴로워도
날 부축해 줄 사람 없이 혼자 걷는다,
어린아이들에게 둘러싸여도 웃음을 잃었고
꽃을 쳐다봐도 즐겁지 않다.

봄이 되어 하느님이 자연의 축제를 벌여도
기쁜 마음도 없이 이 찬란한 사랑을 받을 뿐이다.
지금은 햇빛을 피해 도망치며
은밀한 슬픔만 깨닫는 시간이다.

내 마음의 은근한 희망은 깨어지고
장미 내음 훈훈한 이 봄철에,
아, 내 딸이여,[2] 네가 잠든 무덤을 생각한다
이젠 내 가슴도 시들고 몸도 늙었다.

나는 이 지상의 임무를 거절하지 않았다.

---

1) 시저의 유명한 말.
2) 위고의 딸 레오폴딘 Léopoldine이 결혼 7개월 만에 그의 남편 샤를 박크리 Charles Vacquerie와 센 강 하류 빌키에 Villequier에서 익사했기 때문에, 여기서 딸에 대한 추모의 정을 노래하고 있다.

VENI, VIDI, VIXI

J'ai bien assez vécu, puisque dans mes douleurs
Je marche sans trouver de bras qui me secourent,
Puisque je ris à peine aux enfants qui m'entourent,
Puisque je ne suis plus réjoui par les fleurs;

Puisqu'au printemps, quand Dieu met la nature en fête,
J'assiste, esprit sans joie, à ce splendide amour;
Puisque je suis à l'heure où l'homme fuit le jour,
Hélas! et sent de tout la tristesse secrète;

Puisque l'espoir serein dans mon âme est vaincu;
Puisqu'en cette saison des parfums et des roses,
O ma fille! j'aspire à l'ombre où tu reposes,
Puisque mon cœur est mort, j'ai bien assez vécu.

Je n'ai pas refusé ma tâche sur la terre.

내가 가꾼 밭, 내가 거둔 열매는 다 여기 있고,
나는 언제나 미소하며 편안한 마음으로
신비한 것에 마음 끌리며 살아왔다.

나는 할 수 있는 일 다 하였고, 남을 위해 봉사했고
밤을 새웠다.
남들이 내 슬픔을 비웃는 것도 보아왔고,
남달리 고통받고 일한 덕분에
놀랍게도 원한의 대상이 되기도 하였다.

날개도 펼 수 없는 이 지상의 도형장(徒刑場),
불평도 없이 피를 흘리며 두 손으로 넘어진 채,
서글프게 기진하여 죄수들의 비웃음을 사며
나는 영원한 쇠사슬의 고리를 끌고 왔다.

이제 내 눈은 반밖에 뜨이지 않고
누가 불러도 몸을 돌릴 수 없다.
한잠도 못 자고 새벽 일찍 일어난 사람같이
권태와 무감각만이 나를 누른다.

Mon sillon? Le voilà. Ma gerbe? La voici.
J'ai vécu souriant, toujours plus adouci,
Debout, mais incliné du côté du mystère.

J'ai fait ce que j'ai pu; j'ai servi, j'ai veillé,
Et j'ai vu bien souvent qu'on riait de ma peine.
Je me suis étonné d'être un objet de haine,
Ayant beaucoup souffert et beaucoup travaillé.

Dans ce bagne terrestre où ne s'ouvre aucune aile,
Sans me plaindre, saignant, et tombant sur les mains,
Morne, épuisé, raillé par les forçats humains,
J'ai porté mon chaînon de la chaîne éternelle.

Maintenant, mon regard ne s'ouvre qu'à demi;
Je ne me tourne plus même quand on me nomme;
Je suis plein de stupeur et d'ennui, comme un homme
Qui se lève avant l'aube et qui n'a pas dormi.

입을 모아 나를 비난하는 정적(政敵)에게도[3]
이제 나는 지쳐 응수할 용기조차 없다.
오 주여, 밤의 문을 열어 주소서
내 여기를 떠나 멀리 사라지도록.

---

3) 이 시가 씌어질 무렵, 즉 1884년 4월은 국회 의원 선거의 절정기였고, 위고도 이에 출마했으나 낙선의 고배를 마셨다. 그후 그는 보궐 선거에 다시 출마하여 당선한 바 있다.

Je ne daigne plus même, en ma sombre paresse,

Répondre à l'envieux dont la bouche me nuit.

O Seigneur! ouvrez-moi les portes de la nuit,

Afin que je m'en aille et que je disparaisse!

빌키에를 찾아와서

이제 파리의 거리와 대리석 건물,
그 안개와 지붕도 내 눈에서 멀어졌구나.
지금 나뭇가지 아래에 서서
나는 하늘의 아름다움을 생각한다.

내 마음 어둡게 했던 상처에서
창백한 모습으로 해방되어
가슴에 스며 오는 이 자연의 평화를
승리자같이 뿌듯하게 느낀다.

아름답고 조용한 저 지평선에 가슴 조이며
지금 나는 강가에 앉아
내 가슴속의 깊은 진실,
또한 저 잔디 속에 피어난 꽃을 쳐다본다.

내 사랑하는 딸이 영원히 잠자는
저 어둠의 석상(石床)을 내 눈으로 본다.
이제 나는 그만큼
괴롭기는 하지만 평정을 찾았다.

A VILLEQUIER

Maintenant que Paris, ses pavés et ses marbres,
Et sa brume et ses toits sont bien loin de mes yeux;
Maintenant que je suis sous les branches des arbres,
Et que je puis songer à la beauté des cieux;

Maintenant que du deuil qui m'a fait l'âme obscure
Je sors pâle et vainqueur,
Et que-je sens la paix de la grande nature
Qui m'entre dans le cœur;

Maintenant que je puis, assis au bord des ondes,
Ému par ce superbe et tranquille horizon,
Examiner en moi les vérités profondes
Et regarder les fleurs qui sont dans le gazon;

Maintenant, ô mon Dieu! que j'ai ce calme sombre
De pouvoir désormais
Voir de mes yeux la pierre où je sais que dans l'ombre
Elle dort pour jamais;

들판이며, 숲, 바위와 계곡, 또한 은빛 강물,
이 숭고한 경개에 감동되어
스스로의 왜소함과 주님의 기적을 깨달으며
이 무한한 우주 앞에 나는 이성을 회복한다.

우리들 모두 믿어야 할 주여,
당신의 영광으로 가득 찬,
그러나 당신이 부숴 버린 이 마음의 조각을
진정된 마음으로 당신께 바치나이다.

살아 계신 하느님, 오 주여! 당신께 와서
당신의 관용과 자비, 또한 친절하심을 깨닫나이다.
당신만이 당신이 하시는 바를 알고
인간은 바람에 흔들리는 한 포기 등심초라는 걸 나
이제 알겠습니다.

죽은 사람을 가둔 무덤은
하늘을 열고
이 땅에서 우리가 한때 머무는 것은

Maintenant qu'attendri par ces divins spectacles,
Plaines, forêts, rochers, vallons, fleuve argenté,
Voyant ma petitesse et voyant vos miracles,
Je reprends ma raison devant l'immensité,

Je viens à vous, Seigneur, père auquel il faut croire;
Je vous porte, apaisé,
Les morceaux de ce cœur tout plein de votre gloire,
Que vous avez brisé;

Je viens à vous, Seigneur! confessant que vous êtes
Bon, clément, indulgent et doux, ô Dieu vivant!
Je conviens que vous seul savez ce que vous faites,
Et que l'homme n'est rien qu'un jonc qui tremble au vent;

Je dis que le tombeau qui sur les morts se ferme
Ouvre le firmament;
Et que ce qu'ici-bas nous prenons pour le terme

단지 인생의 시작일 뿐,

거룩하신 주여 당신만이 무한과 진실, 또한 절대를
소유하고 계심을 나는 무릎 꿇고 말하나이다.
주께서 원하신 거라면
내 마음에 피 흘렸어도 진정 온당하나이다.

당신의 뜻으로 된 것이라면
나는 이제 거부하지 않겠나이다.
이 세상에서 저 세상으로, 이 냇물에서 저 냇물로
사람은 영원을 향해 흘러가는 것.

우리는 사물의 한 면만을 볼 뿐,
다른 한 면은 무섭도록 밤으로 빠져든다.
사람은 이유도 모르며 멍에를 끌고 다니고
그가 보는 건 짧고 소용없고 일시적인 것.

당신은 항시 우리에게
외로움을 되돌려 보내 주시고

Est le commencement;

Je conviens à genoux que vous seul, père auguste,
Possédez l'infini, le réel, l'absolu;
Je conviens qu'il est bon, je conviens qu'il est juste
Que mon cœur ait saigné, puisque Dieu l'a voulu!

Je ne résiste plus à tout ce qui m'arrive
Par votre volonté.
L'âme de deuils en deuils, l'homme de rive en rive,
Roule à l'éternité.

Nous ne voyons jamais qu'un seul côté des choses;
L'autre plonge en la nuit d'un mystère effrayant.
L'homme subit le joug sans connaître les causes.
Tout ce qu'il voit est court, inutile et fuyant.

Vous faites revenir toujours la solitude
Autour de tous ses pas.

뚜렷한 신념 혹은 기쁨 따위는
갖지도 못하게 하시는가!

재물이 생겨도 당신의 뜻으로 곧 없어지니
이 세상에서 편히 살 수 있는 곳,
여기가 내 집이노라 들이노라 사랑이노라
이렇듯 말할 수 있는가, 이 짧은 인생에서.

눈앞에 보이는 것도 잠시일 뿐,
사람은 의지할 곳 없이 늙는다.
보이는 것은 다만 보이는 곳에 있을 뿐,
주여, 당신의 뜻을 알겠나이다.

Vous n'avez pas voulu qu'il eût la certitude
Ni la joie ici-bas!

Dès qu'il possède un bien, le sort le lui retire.
Rien ne lui fut donné, dans ses rapides jours,
Pour qu'il s'en puisse faire une demeure, et dire:
C'est ici ma maison, mon champ et mes amours!

Il doit voir peu de temps tout ce que ses yeux voient;
Il vieillit sans soutiens.
Puisque ces choses sont, c'est qu'il faut qu'elles soient;
J'en conviens, j'en conviens!

옛 집을 생각하며

우리 삼형제가 아주 어렸을 때
어머니는 늘 말씀하셨다, 잘들 놀거라
그러나 꽃밭에 들어가거나 사다리 타기는 절대 안 된다.

큰형인 아벨과 막내둥이인 나는
어찌나 게걸스럽게 먹어댔는지
동네 여인들은 우리가 지나갈 때 킬킬대었다.

수녀원 다락방에 기어 올라가 놀기도 했는데
옷장 위에 놓인 책에 손이 닿지 않아
그냥 쳐다보기만 했다.

그러다 어느 날 옷장 위에 기어 올라 까만 표지의 그 책을 보았는데,
그걸 어떻게 했는지는 몰라도
그게 성경이었던 것만은 지금도 생각난다.

그 낡은 책에선 향내음이 나고 있었지.

AUX FEUILLANTINES

Mes deux frères et moi, nous étions tout enfants.
Notre mère disait: Jouez, mais je défends
Qu'on marche dans les fleurs et qu'on monte aux échelles.

Abel était l'aîné, j'étais le plus petit,
Nous mangions notre pain de si bon appétit,
Que les femmes riaient quand nous passions près d'elles.

Nous montions pour jouer au grenier du couvent.
Et là, tout en jouant, nous regardions souvent
Sur le haut d'une armoire un livre inaccessible.

Nous grimpâmes un jour jusqu'à ce livre noir;
Je ne sais pas comment nous fîmes pour l'avoir,
Mais je me souviens bien que c'était une Bible.

Ce vieux livre sentait une odeur d'encensoir.

우린 신이 나서 방구석에 쭈그리고 앉아
판화를 들여다보며 얼마나 정신없이 기뻐했던가!

무릎 위에 성경을 활짝 펴 놓으니
첫 자부터 정답게 느껴지던 말,
우리는 노는 것도 잊고 책만 읽었다.

우리 삼형제는 아침마다 그렇게 성경을 읽었고,
요셉과 류드, 보즈, 그리고 사마리탱 이야기는
언제나 읽어도 재미있어 밤마다 되풀이했다.

그렇듯 세 소년은 하늘나라 새라도 잡은 양,
깔깔대며 서로 부르고 깜짝 놀래키며,
부드러운 새 날개 손에 쥔 듯했다.

Nous allâmes ravis dans un coin nous asseoir.
Des estampes partout! quel bonheur! quel délire!

Nous l'ouvrîmes alors tout grand sur nos genoux,
Et dès le premier mot il nous parut si doux
Qu'oubliant de jouer, nous nous mîmes à lire.

Nous lûmes tous les trois ainsi, tout le matin,
Joseph, Ruth et Booz, le bon Samaritain;
Et, toujours plus charmés, le soir nous le relûmes.

Tels des enfants, s'ils ont pris un oiseau des cieux,
S'appellent en riant et s'étonnent, joyeux,
De sentir dans leur main la douceur de ses plumes.

잠자는 보즈[1)]

피로에 짓눌려 보즈는 자리에 누웠다.
하루종일 보리 타작 마당에서 일하고
밀 담은 궤짝 옆에 오늘도 자리를 펴고
보즈는 잠자고 있다.

이 노인네는 밀밭 보리밭 다 갖고 있지만
부자티를 내지 않는 정의로운 사람,
그의 풍찻간에는 흙탕물이 없고
그의 대장간에는 마귀가 끓지 않았다.

그의 수염은 사월 냇물의 부드러운 은빛,
곡식을 거둘 때는 인색하지 않고 너그러워
가난한 이삭주이가 있는 걸 보면
일부러 이삭을 많이 남기라고 당부했다.

마음은 정직하고 몸은 마포로 감싼 채
그는 비탈진 길을 점점 걸어갔다.

---

1) 보즈 Booz : 성서에 나오는 모아브의 여인 루가의 남편. 위고 이전에도 보즈와 루가를 노래한 작품은 많았지만, 이것이 단연 압권이다.

BOOZ ENDORMI

Booz s'était couché, de fatigue accablé;
Il avait tout le jour travaillé dans son aire,
Puis avait fait son lit à sa place ordinaire;
Booz dormait auprès des boisseaux pleins de blé.

Ce vieillard possédait des champs de blés et d'orge;
Il était, quoique riche, à la justice enclin;
Il n'avait pas de fange en l'eau de son moulin,
Il n'avait pas d'enfer dans le feu de sa forge.

Sa barbe était d'argent comme un ruisseau d'avril.
Sa gerbe n'était point avare ni haineuse;
Quand il voyait passer quelque pauvre glaneuse:
Laissez tomber exprès des épis, disait-il.

Cet homme marchait pur loin des sentiers obliques,
Vêtu de probité candide et de lin blanc;

또한 가난한 사람에게 그의 곡식 포대는
분수마냥 줄줄 흐르는 주인 없는 물건.

보즈는 어진 주인 훌륭한 어른,
검소하지만 관대하였기에
여자들은 젊은이보다 보즈에게 더 마음 쏠렸으니,
젊은이는 잘생겼지만 노인네는 위대하니까.

이제 생명의 원천으로 돌아온 노인네는
헛된 날과 이별하고 영생의 날로 들어가니
젊은이의 눈에선 열정만 풍기지만
노인네의 눈에선 광명이 솟는다.

*   *   *

다 부서진 잡동사니 살림,
거기 식구들 옆에서 보즈는 잠잔다.
또한 머슴들도 너댓 명 컴컴한 구석에 누워 있는데
옛날에는 흔히 그렇게 했지.

Et, tours du côté des pauvres ruisselant,
Ses sacs de grains semblaient des fontaines publiques.

Booz était bon maître et fidèle parent;
Il était généreux, quoiqu'il fût économe;
Les femmes regardaient Booz plus qu'un jenne homme,
Car le jeune homme est beau, mais le vieillardest grand.

Le vieillard, qui revient vers la source première,
Entre aux jours éternels et sort des jours changeants;
Et l'on voit de la flamme aux yeux des jeunes gens,
Mais dans l'œil du vieillard on voit de la lumière

* * *

Donc, Booz dans la nuit dormait parmi les siens;
Près des meules, qu'on eût prises pour des décombres,
Les moissonneurs couchés faisaient des groupes sombres
Et ceci se passait dans des temps très anciens.

일찍이 이스라엘 민족은 판관을 통솔자로 모셨는데,
초조하게 야영하며 헤매던 이 땅은
창세기의 발자국이 또렷했지만
홍수에 흠씬 젖어 물렁해졌다.

    *   *   *

야곱이 잠자듯 유다가 잠자듯
보즈도 눈을 감고 나무 그늘 밑에 누워 있는데
그의 머리 위에 천국의 문이
반쯤 열리더니 노래가 흘러나왔다.

떡갈나무가 배에서 솟아나더니
하늘까지 뻗쳐 올라가는 꿈을 그는 꾸었다
한 민족이 긴 쇠사슬마냥 또한 하늘로 올라갔고,
땅 위에선 임금님이 노래하고 천당에서는 하느님이
돌아가셨다.

보즈는 영혼에서 우러나는 소리로 중얼거렸으니,

Les tribus d'Israël avaient pour chef un juge;
La terre, où l'homme errait sous la tente, inquiet
Des empreintes de pieds de géants qu'il voyait,
Étit mouillée encor et molle du déluge.

*   *   *

Comme dormait Jacob, comme dormait Judith,
Booz, les yeux fermés, gisait sous la feuillée;
Or, la porte du ciel s'étant entre-bâillée
Au-dessus de sa tête, un songe en descendit.

Et ce songe était tel, que Booz vit un chêne
Qui, sorti de son ventre, allait jusqu'au ciel bleu;
Une race y montait comme une longue chaîne;
Un roi chantait en bas, en haut mourait un Dieu

Et Booz murmurait avec la voix de l'âme:

—— 어찌하여 내게 이런 일이 일어났는가.
내 나이 벌써 여든인데,
아들도 없고 아내도 없다니.

나와 함께 오래도록 자리하던 여인
주님을 향해 떠난 지 이미 오래인데
아직도 우리는 서로 얽혀 있는 몸
그녀는 아직 반쯤 살아 있고 나는 벌써 반쯤 죽은 몸.

내게서 핏줄이 태어나리라고 어찌 믿으리,
어찌 내가 또 어린애를 가질 수 있을까?
젊었을 땐 아침도 찬란했지만
이제 햇빛은 승리마냥 밤에서 솟아나온다.

몸은 늙어 겨울철 자작나무처럼 떨고
나는 의지할 데 없는 홀아비, 어둠 속에 갇혔네.
목마른 황소가 물을 찾듯이
주여, 내 영혼은 무덤으로 향하나이다.

Comment se pourrait-il que de moi ceci vînt?
Le chiffre de mes ans a passé quatre-vingt,
Et je n'ai pas de fils, et je n'ai plus de femme.

Voilà longtemps que celle avec qui j'ai dormi,
O Seigneur! a quitté ma couche pour la vôtre;
Et nous sommes encor tout mêlés l'un à l'autre,
Elle à demi vivante et moi mort à demi.

Une race naîtrait de moi! Comment le croire?
Comment se pourrait-il que j'eusse des enfants?
Quand on est jeune, on a des matins triomphants,
Le jour sort de la nuit comme d'une victoire:

Mais, vieux, on tremble ainsi qu'à l'hiver le bouleau.
Je suis veuf, je suis seul, et sur moi le soir tombe,
Et je courbe, ô mon Dieu! mon âme vers la tombe,
Comme un bœuf ayant soif penche son front vers l'eau.

잠에 겨운 눈을 하느님에게 돌리며
보즈는 꿈속에서 황홀하여 이렇게 말했다.
삼나무[2] 아래엔 장미도 없고
그 또한 발 아래 마누라 그림자도 보지 못하네.

　　　　　*　　　*　　　*

그가 졸고 있는 동안 발 아래에는
모아브[3]의 여인 류드가 젖가슴을 드러내고 누운 채
언제 잠이 깨어 부드러운 햇빛 솟아날지도 모르며,
알지 못할 한 줄기 빛을 고대하고 있었는데,

보즈는 여인이 거기 있는 줄도 몰랐고
류드도 하느님이 원하는 게 뭔지 모르는 채
수선화 덤불에서 향긋한 내음 퍼져 나오고
밤의 입김은 갈갈라[4]로 불어왔다.

---

2) 삼나무: 장미 rose와는 대조적으로 남성적이며 강인한 것을 상징한다.
3) 모아브 Moabite: 중앙 아라비아의 옛 도시.
4) 갈갈라 Galgala: 유대의 옛 도시.

Ainsi parlait Booz dans le rêve et l'extase,

Tournant vers Dieu ses yeux par le sommeil noyés;

Le cèdre ne sent pas une rose à sa base,

Et lui ne sentait pas une femme à ses pieds.

        *   *   *

Pendant qu'il sommeillait, Ruth, une Moabite,

S'était couchée aux pieds de Booz, le sein nu,

Espérant on ne sait quel rayon inconnu,

Quand viendrait du réveil la lumière subite.

Booz ne savait point qu'une femme était là,

Et Ruth ne savait point ce que Dieu voulait d'elle,

Un frais parfum sortait des touffes d'asphodèle;

Les souffles de la nuit flottaient sur Galgala.

신혼의 밤같이 엄숙하고 거룩한 밤,
천사들은 눈에 띄지 않게 날아다녔다.
날개 같은 파란 것이 밤하늘로
이따금 날아다니는 걸 볼 수 있었다.

잠자는 보즈의 입김은
이끼 위에 넘실대는 냇물 소리와 어울리고,
자연이 아름답게 눈뜨는 계절
언덕 위에는 백합화가 피어났다.

류드는 꿈을 꾸고 보즈는 잠을 자고 잡초는 무성했다.
양떼의 방울 소리 멀리서 들려오고
하늘나라에서 내려오는 무한한 은총,
지금은 사자도 물 마시는 조용한 시간.

베들레헴의 도시 우르[5]와 제리마데드[6]에서

---

5) 우르 Ur : 칼데아 Chaldée 바빌로니아 지방의 도시.
6) 제리마데드 Jérimadeth : 위고가 제라멜 Jerahmeel에서 착상하여 가공적으로 이름한 도시.

L'ombre était nuptiale, auguste et solennlle;
Les anges y volaient sans doute obscurément
Car on voyait passer dans la nuit, par moment,
Quelque chose de bleu qui paraissait une aile.

La respiration de Booz, qui dormait,
Se mêlait au bruit sourd des ruisseaux sur la mousse.
On était dans le mois où la nature est douce,
Les collines ayant les lys sur leur sommet.

Ruth songeait et Booz dormait; l'herbe était noire;
Les grelots des troupeaux palpitaient vaguement;
Une immense bonté tombait du firmament;
C'était l'heure tranquille où les lions vont boire.

Tout reposait dans Ur et dans Jérimadeth;

모든 게 잠드는 시간, 별들도 하늘 높이 침침히 빛
난다.
저 성좌의 꽃밭 속에 빛나는 초생달은
서녘 하늘에 반짝이고 류드는 생각한다,

묵묵하게 베일 아래로 눈을 뜨며,
영원한 여름의 어느 신, 어느 수확인이
길을 걷다 이 별들의 들판 가운데
그 황금의 낫을 부질없이 던졌는가 하고.

Les astres émaillaient le ciel profond et sombre;
Le croissant fin et clair parmi ces fleurs de l'ombre
Brillait à l'occident, et Ruth se demandait,

Immobile, ouvrant l'œil à moitié sous ses voiles,
Quel dieu, quel moissonneur de l'éternel été
Avait, en s'en allant, négligemment jeté
Cette faucille d'or dans le champ des étoiles.

1848년, 시인은 무엇을 생각했던가?

너는 권력을 추구해서는 안 된다.
다른 일을 해야 된다. 다른 모습의 정신을 가진
너는 기회가 와도 의연히 물러서야 한다.
비통한 생각에 골몰해 있는 너는 엄격한 연인
사람들에게 이해받고 또 경멸당하기도 하지만
그들을 지키는 목동이 되고 그들을 축복하는 사제가
돼야 한다.
가혹한 학대에 쫓긴 시들이
프랑스의 아들들이, 또한 파리의 아들들이
목매 죽을 때 또는 갑자기
길모퉁이에 을씨년스런 바리케이트가 처지고
사방에서 한꺼번에 죽음이 쏟아져 나올 때
너만은 거기에 맨손으로 달려가야 한다.
이 추악하고 치사하고 더러운 전쟁터에
네 가슴을 내밀고 네 영혼을 흘려 보내야 한다.
말하고 기도하고 약자든 강자든 구원하고
포탄을 비웃고 죽은 이를 애도해야 한다.
그리고 너는 멀리 떨어진 광장으로 되돌아와
열렬한 군중들 틈에 섞여

CE QUE LE POETE SE DISAIT EN 1848

Tu ne dois pas chercher le pouvoir, tu dois faire

Ton œuvre ailleurs; tu dois, esprit d'une autre sphère,

Devant l'occasion reculer chastement.

De la pensée en deuil doux et sévère amant,

Compris ou dédaigné des hommes, tu dois être

Pâtre pour les garder et pour les bénir prêtre.

Lorsque les citoyens, par la misère aigris,

Fils de la même France et du même Paris,

S'égorgent; quand, sinistre, et soudain apparue,

La morne barricade au coin de chaque rue

Monte et vomit la mort de partout à la fois,

Tu dois y courir seul et désarmé; tu dois

Dans cette guerre impie, abominable, infâme,

Présenter ta poitrine et répandre ton âme,

Parler, prier, sauver les faibles et les forts,

Sourire à la mitraille et pleurer sur les morts;

Puis remonter tranquille à ta place isolée,

Et là, défendre, au sein de l'ardente assemblée,

추방당할 사람, 재판받을 사람을 보호하고
교수대를 뒤엎고, 불온한 도당들이 뒤흔드는
질서와 평화를 받들고 보호해야 한다.
너무나 쉽게 속는 우리의 병사
감옥에 끌려간 너의 형제인 이 나라 국민
온갖 제도와 슬프고 긍지 높은 자유를 수호해야 한다.
그 암울하고 불안의 시대를 당해
떨며 흐느끼는 고귀한 예술을 수호하고
또한 숭고한 마지막 순간을 기다려야 한다.

너의 임무는 가르치고 사색하는 일.

Et ceux qu'on veut proscrire et ceux qu'on croit juger,

Renverser l'échafaud, servir et protéger

L'ordre et la paix, qu'ébranle un parti téméraire,

Nos soldats trop aisés à tromper, et ton frère,

Le pauvre homme du peuple aux cabanons jeté,

Et les lois, et la triste et fière liberté;

Consoler, dans ces jours d'anxiété funeste,

L'art divin qui frissonne et pleure, et pour le reste

Attendre le moment suprême et décisif.

Ton rôle est d'avertir et de rester pensif.

Paris, juillet 1848.

잔에게

여기는 순결한 곳, 네가 있어 더욱 순결하다.
인적이 닿는 오솔길에서 멀리 떨어진
이 숲은, 잔이여! 네 아름다움으로
더욱 숭고하게 보인다.

새벽은 네 나라와도 닮았다.
잔이여! 이 하늘 아래는
알 수 없는 다정한 이웃들
아름다운 곳에서 살아가는 다정한 사람들이 있다.

이 계곡은 소박한 행복을
네게 주는 하나의 축제.
네 머리 뒤에서 빛나는 후광(後光)
너를 위한 에덴 동산.

네 가까이 있는 모든 것들은
네가 쳐다보아 주기를 원한다.
네 노래, 네 미소, 네 이마가
진정 성실하다고 믿고 있기 때문에.

A JEANNE

Ces lieux sont purs; tu les complètes.

Ce bois, loin des sentiers battus,

Semble avoir fait des violettes,

Jeanne, avec toutes tes vertus.

L'aurore ressemble à ton âge;

Jeanne, il existe sous les cieux

On ne sait quel doux voisinage

Des bons cœurs avec les beaux lieux.

Tout ce vallon est une fête

Qui t'offre son humble bonheur;

C'est un nimbe autour de ta tête;

C'est un éden en ton honneur.

Tout ce qui t'approche désire

Se faire regarder par toi,

Sachant que ta chanson, ton rire,

Et ton front, sont de bonne foi.

아 잔이여! 너는 너무나 상냥해
이 축복받은 숲 속을 배회할 때
어린 새 새끼들도 너를 보고는
둥지에서 머리를 내민다.

O Jeanne, ta douceur est telle

Qu'en errant dans ces bois bénis,

Elle fait dresser devant elle

Les petites têtes des nids.

여인의 손가락

주께서 가장 부드러운 점토와
가장 깨끗한 진흙으로
연약하고 신비하고 예쁜
보석을 만드셨다.

주께서 여인의 손가락을 만드셨으니
이는 거룩하고 매혹적인 걸작품
영혼을 어루만지고 하늘을 가리키고자
그 손가락을 만드셨다.

새벽이 동트는 시간
동녘 하늘에 뿌려 놓은
그 햇빛의 여분을
손가락 안에 담으셨다.

베일의 그늘을
요람의 흔들림을
별과도 같은 그 무엇을
새와도 같은 그 무엇을 넣으셨다.

LE DOIGT DE LA FEMME

Dieu prit sa plus molle argile

Et son plus pur kaolin,

Et fit un bijou fragile,

Mystérieux et câlin.

Il fit le doigt de la femme,

Chef-d'œuvre auguste et charmant,

Ce doigt fait pour toucher l'âme

Et montrer le firmament.

Il mit dans ce doigt le reste

De la lueur qu'il venait

D'employer au front céleste

De l'heure où l'aurore naît.

Il y mit l'ombre du voile,

Le tremblement du berceau,

Quelque chose de l'étoile,

Quelque chose de l'oiseau.

우리를 낳으신 아버지께서
이 손가락을 창공의 빛깔로 물들이고
부드럽기보다는 강하게
깨끗하기보다는 하얗게 만드셨다.

어떤 일이 있어도 죄악이 퍼져 나가지 않도록
하느님의 손가락 같은
아니, 그보다 조금 작게 보이도록
부드러운 손가락을 만드셨다.

이브의 손
연약하고 정숙한 손
사람의 이마에 꿈같이 얹히는
손을 그렇게 만드셨다.

겸손하고 무지한 이 손
불확실한 인간을 안내하는 이 손
운명의 램프 위에서
투명하게 흔들리는 이 손

Le Père qui nous engendre

Fit ce doigt mêlé d'azur,

Très fort pour qu'il restât tendre,

Très blanc pour qu'il restât pur,

Et très doux, afin qu'en somme

Jamais le mal n'en sortît,

Et qu'il pût sembler à l'homme

Le doigt de Dieu, plus petit.

Il eu orna la main d'Eve,

Cette frêle et chaste main

Qui se pose comme un rêve

Sur le front du genre humain.

Cette humble main ignorante,

Guide de l'homme incertain,

Qu'on voit trembler, transparente,

Sur la lampe du destin.

고개 숙인 천사, 여인이여!
그대의 거룩함에 비하면
아름다움은 대수롭지 않은 것
우아함도 충분치 않다.

사랑해야 한다. 파도, 꽃, 말총새
모든 게 한숨짓는다.
우아함은 미소에 불과한 것
아름다움은 빛에 불과한 것.

우리의 험난한 길 위에서
이브가 일어서기를 바라시는 주.
주는 사랑을 위해 애무를
애무를 위해 그대의 손을 만드셨다.

우리들이 사랑하는 이 손이
흙으로 빚어졌을 때
주께서도 기뻐하셨다.
진귀한 보물에 자부심을 느끼셨기에.

Oh! dans ton apothéose,
Femme, ange aux regards baissés,
La beauté, c'est peu de chose,
La grâce n'est pas assez;

Il faut aimer. Tout soupire,
L'onde, la fleur, l'alcyon;
La grâce n'est qu'un sourire,
La beauté n'est qu'un rayon;

Dieu, qui veut qu'Eve se dresse
Sur notre rude chemin,
Fit pour l'amour la caresse,
Pour la caresse ta main.

Dieu, lorsque ce doigt qu'on aime
Sur l'argile fut conquis,
S'applaudit, car le suprême
Est fier de créer l'exquis.

고귀한 이 손을 만드시고
주께서 천사에게 말씀하셨다——자!
그리고 심연에서 잠드셨는데
그때 악마가 잠에서 깨어났다.

주께서 쉬는 그늘로
악마가 찾아와 동쪽을 어둡게 가리고
장밋빛 손가락 끝에
미소하며 손톱을 달았다.

Ayant fait ce doigt sublime,

Dieu dit aux anges: Voilà!

Puis s'endormit dans l'abîme;

Le diable alors s'éveilla.

Dans l'ombre où Dieu se repose,

Il vint, noir sur l'orient,

Et tout au bout du doigt rose

Mit un ongle en souriant.

로지타에게

너는 사랑하고 싶지 않니? 깍쟁이!
보아라! 봄도 슬프기만 하다.
새들이 노래하는 걸 듣고 있는가?
어둡고 아득한 저 숲속에서

사랑을 빼놓으면 이브에겐 아무것도 없다.
사랑, 이것이야말로 유일한 아름다움
태양이 떠오를 땐 푸른 하늘도
태양이 없다면 온통 까맣게 된다.

만약에 네가 이상을 잃는다면
너도 추악한 여자가 될 테지
새들도 사랑해야 된다고 노래할 뿐
나머지 노래는 알지도 못한다.

A ROSITA

Tu ne veux pas aimer, méchante?
Le printemps en est triste, vois;
Entends-tu ce que l'oiseau chante
Dans la sombre douceur des bois?

Sans l'amour rien ne reste d'Eve;
L'amour, c'est la seule beauté;
Le ciel, bleu quand l'astre s'y lève,
Est tout noir, le soleil ôté.

Tu deviendras laide toi-même
Si tu n'as pas plus de raison.
L'oiseau chante qu'il faut qu'on aime,
Et ne sait pas d'autre chanson.

그녀는 침묵하고 있었기 때문에

그녀의 침묵은 내 정복자
그래서 나는 그녀에게 반했다.
처음엔 단지 마음속에서
어렴풋한 날갯짓만 고동쳤다.

밤마다 이 세상과 멀리 떠나
우리는 마차를 타고 숲속으로 갔다.
나는 그녀에게 말을 했고 깊은 숲속에선
또 다른 목소리가 노래하고 있었다.

그녀의 눈은 신비했다.
비둘기 눈 같은 그녀의 눈은
하늘 같은 무한함과
무덤 같은 새벽을 담고 있었다.

그녀는 말 한 마디 없이
마차 속에 앉아 있었다.
어느 날 갑자기 나는 느꼈다.
마음속에서 화살이 흔들리고 있음을.

C'EST PARCE QU'ELLE SE TAISAIT

Son silence fut mon vainqueur;
C'est ce qui m'a fait épris d'elle.
D'abord je n'avais dans le cœur
Rien qu'un obscur battement d'aile.

Nous allions en voiture au bois,
Seuls tous les soirs, et loin du monde;
Je lui parlais, et d'autres voix
Chantaient dans la forêt profonde.

Son œil était mystérieux.
Il contient, cet œil de colombe,
Le même infini que les cieux,
La même aurore que la tombe.

Elle ne disait rien du tout,
Pensive au fond de la calèche.
Un jour je sentis tout à coup
Trembler dans mon âme une flèche.

사랑, 나도 알 수 없는 그 무엇
깜찍하고 예쁜 궁수(弓手)가
말없이 기다리고 있는 동굴
침묵을 잘 하는 여인은 바로 이런 동굴이다.

L'Amour, c'est le je ne sais quoi.

Une femme habile à se taire

Est la caverne où se tient coi

Ce méchant petit sagittaire.

화난 로자

싸움이라니? 왜?
맙소사! 서로 사랑하기 때문에.
〈당신〉이라고 말한 순간
이미 서먹해지고 존칭어가 생겨나기 시작한다.

마음은 그의 매듭을 잡아당긴다.
창공은 도망치고 영혼은 여러 가지.
사랑은 연인들에게
소나기를 뿌리는 하늘.

이렇듯이 숲속에 비치는
유월 햇빛을
새벽 약속으로 믿고
산보길에 나섰는데도

초저녁임을 뒤늦게 깨닫게 된다.
좋은 날씨가 때로는
아무 예고도 없이
검은 뭉게구름으로 우리를 속이기 때문에.

ROSA FACHEE

Une querelle. Pourquoi?
Mon Dieu! parce qu'on s'adore.
A peine s'est-on dit Toi
Que Vous se hâte d'éclore.

Le cœur tire sur son nœud;
L'azur fuit; l'âme est diverse.
L'amour est un ciel, qui pleut
Sur les amoureux à verse.

De même, quand, sans effroi,
Dans la forêt que juin dore,
On va rôder, sur la foi
Des promesses de l'aurore,

On peut être pris le soir,
Car le beau temps souvent triche,
Par un gros nuage noir
Qui n'était pas sur l'affiche.

너무나 행복한 사람들

그녀를 이끌고서
기쁨에 넘쳐 멀리멀리 도망쳤을 때
오직 인자하신 구세주 하느님만이
드높은 하늘에 계실 만큼 그렇게 높게 도망칠 때

수없는 꽃의 천장 아래서
어둠, 침묵, 또한 욕망의 낭떠러지로
그 아름다움을
추락시켰을 때

우거진 숲속에서
환한 초저녁에
한 입술이 다른 입술에 포개질 때
고귀한 그 어휘——사랑

남자가 여자를 쳐다볼 때
연인이 연인을 사랑할 때
굴복당한 그들 마음속에
오직 말없는 황홀감만 있을 때

LES TROP HEUREUX

Quand avec celle qu'on enlève,

Joyeux, on s'est enfui si loin,

Si haut, qu'au-dessus de son rêve

On n'a plus que Dieu, doux témoin;

Quand, sous un dais de fleurs sans nombre,

On a fait tomber sa beauté

Dans quelque précipice d'ombre,

De silence et de volupté;

Quand, au fond du hallier farouche,

Dans une nuit pleine de jour,

Une bouche sur une bouche

Baise ce mot divin : amour!

Quand l'homme contemple la femme,

Quand l'amante adore l'amant,

Quand, vaincus,ils n'ont plus dans l'âme

Qu'un muet éblouissement,

이 깊고 고독한 행복
그것은 우리가 희구하는 하늘이다.
그것은 또 너무나 많은 빛에 저항하는
이 지구를 격분시킨다.

이 행복은 꽃을 질투시키고
커다란 떡갈나무를 시새움시킨다.
그리고 잔디밭 한가운데
백합에 오랜 장미나무를 찾도록 한다.

행복은 너무나 아름다워
날개 돋친 새에게도 훌륭하게 보인다.
하늘거리는 잠자리
별 모양의 암술이 달린 씨앗

엷은 천, 또한 나무에서
하늘로 오르는 알 수 없는 영혼
구름과 구름 사이를 떠도는 바람
꿀과 꿀 사이를 헤매는 벌

Ce profond bonheur solitaire,

C'est le ciel que nous essayons.

Il irrite presque la terre

Résistante à trop de rayons.

Ce bonheur rend les fleurs jalouses

Et les grands chênes envieux,

Et fait qu'au milieu des pelouses

Le lys trouve le rosier vieux;

Ce bonheur est si beau qu'il semble

Trop grand, même aux êtres ailés;

Et la libellule qui tremble,

La graine aux pistils étoilés,

Et l'étamine, âme inconnue

Qui de la plante monte au ciel,

Le vent errant de nue en nue,

L'abeille errant de miel en miel,

겨울이면 슬퍼지는 새
젊음을 되찾은 신선한 나비
날아가는 이 모든 것들이
끝없이 행복을 소곤댄다.

L'oiseau, que les hivers désolent,

Le frais papillon rajeuni,

Toutes les choses qui s'envolent,

En murmurent dans l'infini.

해뜰 때의 규방

검소한 방은 미소하는 표정을 하고
꽃다발은 낡은 상자를 장식한다.
이 방을 보면
신부님은 평화를! 여자들은 쉿! 하고 말하겠지.

안으로는 규방이 깊숙이 자리하고 있다.
아무도 없다. 들어가는 사람도 나오는 사람도.
신비한 감시!
새벽이 엿보인다. 아이는 잠잔다.

어두운 구석에 한 어린애가
하얀 요람 속에 누워 있다.
어둠 속엔 뭔가 알 수 없는
신뢰와 전율이 감돌고 있다.

어린애는 은방울을
갸우뚱하게 꼭 쥐고 있다.
순결은 하늘나라에서 종려가지를 들고
지상에선 딸랑이를 들고 있다.

UNE ALCOVE AU SOLEIL LEVANT

L'humble chambre a l'air de sourire;
Un bouquet orne un vieux bahut;
Cet intérieur ferait dire
Aux prêtres : Paix! aux femmes : Chut!

Au fond une alcôve se creuse.
Personne. On n'entre ni ne sort.
Surveillance mystérieuse!
L'aube regarde : un enfant dort.

Une petite en ce coin sombre
Etait là dans un berceau blanc,
Ayant je ne sais quoi dans l'ombre
De confiant et de tremblant.

Elle étreignait dans sa main calme
Un grelot d'argent qui penchait ;
L'innocence au ciel tient la palme
Et sur la terre le hochet.

어린애는 졸고 있다. 그는 알지 못한다
선과 악, 마음과 열정을.
그의 꿈은 새벽녘의 오솔길
천사들이 다니는 길이다.

그의 팔은 이따금 조용히
움직인다, 귀엽고 순결하게.
날아다니는 파리같이
그의 숨결은 부드럽다.

새벽의 시선이 어린애를 감싼다.
어린애의 감은 두 눈을 쳐다보는
하느님의 이 눈길보다
더 장엄하고 당당한 것은 없다.

Comme elle sommeille ! Elle ignore

Le bien, le mal, le cœur, les sens,

Son rêve est un sentier d'aurore

Dont les anges sont les passants.

Son bras, par instants, sans secousse,

Se déplace, charmant et pur ;

Sa respiration est douce

Comme une mouche dans l'azur.

Le regard de l'aube la couvre ;

Rien n'est auguste et triomphant

Comme cet œil de Dieu qui s'ouvre

Sur les yeux fermés de l'enfant.

씨 뿌리는 계절

지금은 황혼
나는 문간에 앉아
일하는 마지막 순간을 비치는
하루의 나머지를 찬미합니다.

남루한 옷을 입은 한 노인이
미래의 수확을 한줌 가득 뿌리는 것을
밤 이슬에 젖은 이 땅에서
마음 흐뭇하게 쳐다봅니다.

그의 높고 검은 그림자가
이 넓은 밭을 가득 채우니,
그가 세월의 소중함을
얼마나 믿고 있는지 우리는 알겠습니다.

농부는 넓은 들판에
오고 가며 멀리 씨를 뿌리며
손을 폈다 다시 시작하고
나는 숨은 목격자, 혼자 쳐다봅니다.

SAISON DE SEMAILLES

C'est le moment crépusculaire.
J'admire, assis sous un portail,
Ce reste de jour dont s'éclaire
La dernière heure du travail.

Dans les terres de nuit baignées,
Je contemple, ému, les haillons
D'un vieillard qui jette à poignées
La moisson future aux sillons.

Sa haute silhouette noire
Domine les profonds labours.
On sent à quel point il doit croire
A la fuite utile des jours.

Il marche dans la plaine immense,
Va, vient, lance la graine au loin,
Rouvre sa main, et recommence.
Et je médite, obscur témoin;

웅성대는 소리 들리는 가운데
이제 어둠은 그 장막을 펼치며
별나라에까지 멀리
씨 뿌리는 이의 장엄한 그림자를 드리워 줍니다.

Pendant que, déployant ses voiles,
L'ombre, où se mêle une rumeur,
Semble élargir jusqu'aux étoiles
Le geste auguste du semeur.

깨어진 항아리

오, 전 중국이 땅에 떨어져 깨어졌구나!
어른대는 물결같이 맑고 부드러운 이 항아리,
새와 꽃, 과일이며 거짓말 같은 상상도(想像圖),
파란 꿈이 솟아나는 이상의 파도,
다시는 본뜰 수 없는 기이하고 유일한 이 항아리,
대낮에도 보름달을 담은 듯하고.
불꽃 튀기며 살은 듯하고,
짐승 같기도 하고 영혼 같기도 했다.
그런데 마리에트가 방 소제를 하다
팔꿈치로 잘못 밀어 그 항아리 박살을 내다니!
아름다운 항아리, 몽상을 가득 담은 둥근 항아리,
황금의 소가 목장에서 풀을 뜯었지!
내가 사랑했던 항아리, 그 중국 도자기를 부두에서 사와서,
때론 철든 애들에게 보여주곤 했는데……
자, 여기 굴 속에 숨은 호랑이가 있고
저기 부엉새는 둥지에, 임금님은 왕궁에
또한 악마는 지옥에 흉물스레 있구나!
그래도 애들은 짐승을 귀엽다고 생각하네.

LE POT CASSE

O ciel! toute la Chine est par terre en morceaux!

Ce vase, pâle et doux comme un reflet des eaux,

Couvert d'oiseaux, de fleurs, de fruits et des mensonges

De ce vague idéal qui sort du bleu des songes,

Ce vase unique, étrange, impossible, engourdi,

Gardant sur lui le clair de lune en plein midi,

Qui paraissait vivant, où luisait une flamme,

Qui semblait presque un monstre et semblait presque une âme,

Mariette, en faisant la chambre, l'a poussé

Du coude par mégarde, et le voilà brisé!

Beau vase! Sa rondeur était de rêves pleine,

Des bœufs d'or y broutaient des prés de porcelaine.

Je l'aimais, je l'avais acheté sur les quais,

Et parfois aux marmots pensifs je l'expliquais

Attention! ceci, c'est le tigre en son antre,

Le hibou dans son trou, le roi dans son palais,

Le diable en son enfer; voyez comme ils sont laids!

Les monstres, c'est charmant, et les enfants le sentent.

내 그 항아리 사랑했더니 이제는 끝장났네.
처음엔 화가 나고 속이 상해 쫓아가서
—— 누가 이 모양으로 만들었느냐 소리질렀다.
죽을 시늉으로 들어오는 꼬락서니, 그래도 잔은 겁에 떠는 마리에트와
화가 난 나를 쳐다보고
천사 같은 얼굴로 말하길 —— 제가 그랬어요.
잔이 마리에트에게 말하기를
—— 내가 그랬다 하면 할아버지는 꾸지람하지 않을 거야.
할아버진데 뭐가 무섭담!
할아버진 별로 화낸 적이 없으니까.
할아버진 꽃을 쳐다보거나 날씨가 더울 땐,
으레 말씀하시길, 맨머리로 뙤약볕을 쬐지 말아라.
개나 고양이한테 물리지 않도록 하렴.
개 목걸이를 끌고 가지 말고.
계단에서 헛디디지 않도록 조심해라.
벽에 부딪히지 않도록 잘 놀아라.
이렇게 말씀하시곤 숲 속으로 가셨으니까.

Donc, je tenais beaucoup à ce vase. Il est mort.
J'arrivai furieux, terrible, et tout d'abord:
— Qui donc a fait cela? criai-je. Sombre entrée!
Jeanne alors, remarquant Mariette effarée,
Et voyant ma colère et voyant son effroi,
M'a regardé d'un air d'ange, et m'a dit: — C'est moi.
Et Jeanne à Mariette a dit: — Je savais bien
Qu'en répondant: c'est moi, papa ne dirait rien.
Je n'ai pas peur de lui puisqu'il est mon grand-père.
Vois-tu, papa n'a pas le temps d'être en colère,
Il n'est jamais beaucoup fâché, parce qu'il faut
Qu'il regarde les fleurs, et quand il fait bien chaud
Il nous dit «N'allez pas au grand soleil nu-tête,
Et ne vous laissez pas piquer par une bête,
Courez, ne tirez pas le chien par son collier,
Prenez garde aux faux pas dans le grand escalier,
Et ne vous cognez pas contre les coins des marbres.
Jouez.» Et puis après il s'en va dans les arbres.

아브랑슈[1] 근교에서

음울한 장소에 음울한 밤이 내려앉고 있었다.

저녁 바람이 불어와 사나운 날갯짓으로
배는 항구로 새는 보금자리로
화강암 암초 너머 밀어내고 있었다!

죽고 싶도록 서러워 이 세상 바라보니
바다는 넓고 영혼은 깊구나!
생 미셸 수도원만이 쓰디쓴 파도에서 솟아나 보여,
바다의 피라미드, 서양의 셰오프스[2] 같았다.
넘어도 끝없는 사막의 구릉,
영원히 홀로 선 이집트의 위대한 영상,
텐트 같은 제왕의 무덤, 잠자는 그림자,
어둡고 조용한 죽음의 들판을 생각한다.
아, 그치지 않는 바람 불어오는 이 사막에서
분노와 관용을 베푸시는 단 한 분의 주님이여,
저 지평선에 인간이 세운 것이
거기서는 무덤이며 여기에서 감옥이려니.

---

1) 아브랑슈 Avranches : 북프랑스에 있는 경개 좋은 도시.
2) 셰오프스 Chéops : 이집트에서 가장 높은 피라미드(높이 144m).

PRES D'AVRANCHES

La nuit morne tombait sur la morne étendue.

Le vent du soir soufflait, et, d'une aile éperdue,
Faisait fuir, à travers les écueils de granit,
Quelques voiles au port, quelques oiseaux au nid.

Triste jusqu'à la mort je contemplai ce monde
Oh! que la mer est vaste et que l'âme est profonde!
Saint-Michel surgissait, seul sur les flots amers,
Chéops de l'Occident, pyramide des mers.
Je songeais à l'Egypte aux plis infranchissables,
A la grande isolée éternelle des sables,
Noire tente des rois, ce tas d'ombres qui dort
Dans le camp immobile et sombre de la mort.
Hélas! dans ces déserts qu'emplit d'un souffle immense
Dieu, seul dans sa colère et seul dans sa clémence,
Ce que l'homme a dressé debout sur l'horizon,
Là-bas, c'est le sépulcre, ici, c'est la prison.

방금 저기 모였던 사람들

방금 저 모래톱에 사람들이 모여
땅바닥에 뭔가 보고 있었다.
개가 죽어 가요, 애들이 소리쳤다. 정말 그렇다니깐!
애들 발 아래 쓰러진 늙은 개 한 마리,
파도는 거품을 밀어붙인다.
—— 벌써 사흘째 됐어요, 하는 부인네 말.
아무리 불러도 개는 눈도 뜨지 않는다.
—— 주인은 뱃사람인데 지금 없어요, 한 늙은이 말.
그때 어느 수부가 창가로 고개를 내밀고
—— 그 개는 주인을 못 봐 죽어 간다오.
마침 항구로 배가 들어와서
주인은 오고 있는데 개는 죽어 가네.
가엾은 그 짐승 옆에 가 보니
몸도 머리도 까딱 못하고, 듣지도 못해
두 눈을 감은 채 길바닥에서 죽은 듯하다.
저녁때가 되어 늙은 주인이 돌아와
지친 몸으로 서둘러 달려가서
나직이 개 이름을 불러볼 뿐……

UN GROUPE TOUT A L'HEURE ETAIT LA

Un groupe tout à l'heure était là sur la grève,

Regardant quelque chose à terre. — Un chien qui crève!

M'ont crié les enfants; voilà tout ce que c'est. —

Et j'ai vu sous leurs pieds un vieux chien qui gisait.

L'océan lui jetait l'écume de ses lames.

— Voilà trois jours qu'il est ainsi, disaient des femmes,

On a beau lui parler, il n'ouvre pas les yeux.

— Son maître est un marin absent, disait un vieux. —

Un pilote, passant la tête à sa fenêtre,

A repris: — Ce chien meurt de ne plus voir son maître.

Justement le bateau vient d'entrer dans le port;

Le maître va venir, mais le chien sera mort. —

Je me suis arrêté près de la triste bête,

Qui, sourde, ne bougeant ni le corps ni la tête,

Les yeux fermés, semblait morte sur le pavé.

Comme le soir tombait, le maître est arrivé,

Vieux lui-même et hâtant son pas que l'âge casse,

A murmuré le nom de son chien à voix basse.

그러자 개는 멀거니 두 눈을 뜨고
힘없이 주인을 쳐다보며
마지막으로 가엾은 꼬리를 흔들더니
그냥 죽어 갔다. 그때 바로 푸른 하늘에
심연에서 솟아나는 불꽃같이 금성이 빛을 뿜어
나는 말했다——저 별은 어디서 왔는가, 아 밤이여, 저 개는 어디로 가는가.

Alors, rouvrant ses yeux pleins d'ombre, exténué,

Le chien a regardé son maître, a remué

Une dernière fois sa pauvre vieille queue,

Puis est mort. C'était l'heure où, sous la voûte bleue,

Comme un flambeau qui sort d'un gouffre, Vénus luit;

Et j'ai dit: — D'où vient l'astre? où va le chien? ô nuit!

해설 / 빅토르 위고의 시 세계

프랑스 문학사상 볼테르가 18세기를 상징하는 한 거봉이듯이 빅토르 위고는 19세기를 대변하는 한 거장이다. 시기적으로 보아도 19세기의 거의 전부를 호흡했고(1802-1885), 정치적으로도 당대의 세찬 회오리에 직접 가담, 활동했는가 하면 끝내는 망명의 길을 걸어야 할 만큼 그의 일생은 험난했다. 이것은 그가 서재 속의 단순한 문인으로서만 머물지 않고 그가 생활하던 시대에 직접 참여함으로써 휴머니즘의 표현을 체득한 시인으로 해석된다. 또 달리 말하자면 그의 시는 19세기 프랑스의 정치적·사회적 표상이었다고도 할 수 있다. 가령, 샤토브리앙이나 라마르틴 같은 문사들이 정치에 가담할 수 있으리만큼 왕정과 공화국을 표방하는 혁명과 쿠데타가 연거푸 발생하는 그 분망했던 정치적 상황은 위고에게도 결코 냉담하게 느껴질 수 없었던 것이다. 그러나 샤토브리앙과는 달리 위고의 정치 생명은 너무나 짧았고 불행했다.

위고의 작품은 그 양에 있어서 놀라우리만큼 방대하며 그 장르에 있어서는 미치지 아니한 것이 없다. 시와 소설, 희곡과 평론, 기타 모든 분야에 걸쳐 그는 거인적인 필봉을 내휘두르며 한 세기를 완전히 압도한 문단의 주자였던 것이다. 서구의 여러 문학권을 보면 대개 자국의 문학을 대표하는 문호를 자랑하고 있다. 예컨대 영국은 셰익스피어를, 독일은 괴테를, 이탈리아는 단테를, 러시아는 톨스토이나 도스토예프스키를 각기 내세우고 있는 것이다. 그렇다면 프랑스는 누구를 손꼽을 수 있을 것인가? 몰리에르를? 볼테르를? 발자크를? 물론 이들은 다 기라성 같은 거장들이다. 그러면서도 그 누구도 자신 있게 프랑스 국민문학을 대변하는 문호로 내세우기에는 너무나 개성적이기에 부적합하다. 그래서 일찍이 앙드레 지드는 이 점을 매우 부끄럽게 여기고 이렇게 탄식했던 것이다. 〈아, 빅토르 위고나 들 수 있을까? Hélas! Vitor Hugo!〉이 말 가운데는 위고에 대한 경의와 또 상대적으로 프랑스 국민문학에 대한 자조적 회의가 은근히 섞여 있는 게 사실이다. 그러므로 그것은 매우 음미할 만한 여운을 함축하고 있다.

금세기에 접어들면서 문학 작품의 이상적 심화와 기교적 완벽성에 가치의 척도를 두게 되자 위고의 작품은 차츰 그 빛을 잃게 되고 문학 연구가들이 외면하게 되어 한낱 교과서적 고전으로만 치부되는 경향마저 없지 않았다. 사실 오늘날의 비평적 안목으로 볼 때 위고는 논급할 대상이 아닐지도 모른다. 그 이유는 대개 그의 소설이나 희곡 따위가 비현실적인 이상적·인도주의적 세계를 표방했거나 절제 없는 과장적 묘사에 치우쳤으며, 또 그의 시가 광분적인 감정을 긴장감 있게 표현하지 않고 직접적으로 노출, 시적 미학으로서의 조화를 깨뜨리고 있다는 식의 비난을 포함하고 있기 때문이다. 이러한 지적은 어떤 면에 있어서는 분명 부인할 수 없는 사실이다. 그러나 이러한 면을 십분 인정한다 치더라도 그의 문학이 19세기라는 문학사적 질서 안에서 차지하는 위치를 도저히 무시할 수 없는 일이다. 특히 근래 문학의 사회학적 접근과 그 연구 방법이 활발히 연구되기 시작하면서부터 그의 문학 작품은 재평가 받게 되고, 새로운 논의의 대상이 되어 가고 있는 실정이다. 랭보와 같은 마력적 귀재(鬼才)를 소중히 인정하듯이 위고와 같은 거인적 천재의 발자취 또한 문학사상 영원히 지울 수 없는 것이리라.

빅토르 위고는 일찍부터 시작(詩作)에 눈떠, 1817년, 즉 열다섯 살 때 〈아카데미 공쿠르 상〉에 응모하여 5등으로 입선하는 시재(詩才)를 보여 주었다. 뿐만 아니라 1818년에는 두 형 아벨, 외젠과 함께 『콩세르바투아르 리테레르』란 격주간지까지 간행하기 시작하여 1821년 3월까지 계속하는 열정을 기울이는 등, 그의 문학적 관심은 대단한 것이었으며, 소년 시기의 그의 최대 야망은 문인으로서의 출세 그것이 전부였다. 그래서 그는 〈샤토브리앙과 같이 되든지 아니면 그만이다〉라고까지 말했다는 것이다.

1822년 위고는 최초의 시집 『서정시편 Odes』을 발표함으로써 그 시재를 정식으로 인정받고 루이 18세로부터 1,000프랑의 은급(恩給)까지 받는 영광을 누리게 된다. 그 후 그는 계속하여 『신서정시집 Nouvelles Odes』, 『담시집 Ballades』(작품 연대에 대해서는 권말의 연보를 참고할 것) 등을 발표함으로써 차츰 그의 시 세계를 형성하기 시작한다. 이 무렵의 그의 서정시는 루소와 샤토브리앙, 또 라마르틴 등 초기 낭만파 작가·시인에게 다분히 영향 받은 감미롭고 아름다운 회상의 세계를 펼치고 있다. 한편 그의 『담시』는 중세기적 모험과 환상을 중심으로 전개되는 수법을 사용함으로써 위고 시의 어떤 특징을 진작부터 드러내고 있다는 점에 주목할 만하다.

그러나 위고 시의 참신성은 『동방시집 Les Orientales』을 통하여 비로소 그 진면목을 보여주고 있다. 사실 위고는 동양을 여행한 적이 전혀 없지만 동양 문물에 대한 호기심을 늘 간직하고 있었고 따라서 많은 여행기를 탐독함으로써 거기서 시적 영감을 추출해 낼 수 있었던 것이다. 또 터키에 대한 그리스 군의 침공은 다정다감한 위고에게 많은 충격을 주었으며, 그리하여 그는 전쟁의 비극을 정감적으로 노래하기를 좋아했던 것이다. 즉「어린아이 L'enfant」는 특히 그가 유년 시절에 살았던 스페인의 정경을 회상함으로써 그것을 다시 동방의 풍물로 변용하는 시적 이미지를 즐겨 다루고 있다. 따라서 『동방시집』은 선명한 회화적 이미지와 풍부한 상상력이 교묘히 교합된 매우 아름다운 낭만적인 시편을 담고 있는 것이다.

『낙엽 Les Feuilles d'Automne』(1831)에 이르러 위고의 시적 주조는 더 한층 애상적으로 흐르고 있다. 그것은 대개 인간 영혼의 은밀한 내면 세계를 담은 것들로서 양친에 대한 회상과 그리움, 삶의 근원적인 모습, 자연 앞에 선 인간의 무력, 그리고 어린애들에 대한 끝없는 애정과 찬사를 솔직하게 표백하고 있다.

또한 이무렵 그의 생애에 있어 빠뜨릴 수 없는 사건은 여배우 쥘리에뜨 드루에 Juliette Drouet와 깊은 관계에 빠진 것이며, 이 관계는 그녀가 1883년에 죽을 때까지 반세기 동안 계속됨으로써 위고의 인생과 문학에 중대한 영향을 미치고 있다는 사실이다. 또 때를 같이하여 그에게는 여러 가지 고통과 갈등이 겹쳐 일어나고 있었다. 그는 심한 신앙적 위기에 직면하여 〈믿어야 하면서 동시에 부정해야만 하는〉 자기 모순을 체험해야만 했다. 그런가 하면 또 당시의 정치적 상황은 갈수록 환멸만 더해 주는 형편이었다. 즉 언론의 자유를 약속한 루이 필립 왕의 7월왕정(1830-1848)은 다시 검열 제도를 부활시켰던 것이다. 이러한 상황에서 간행된『황혼의 노래 Les Chants du Crépuscule』는 그의 심정을 무엇보다도 극명히 대변하고 있다 할 것이다.

그 후 얼마 지나지 않아 나온『내면의 소리 Les Voix intérieures』는 표제가 암시하듯이 시인의 내면적 목소리를 체계적으로 구성하여 표현한 시집이다. 시인은 다분히 가족적인 입장으로 돌아와서 애들을 꾸짖은 것을 후회한다거나 옛집을 그리워한다거나 하는 식의 인간애를 보여 준다. 그런가 하면 시인은 비르길리우스에게 자연의 신비한 현상에 대해 물어 보기도 하고 농촌과 전원의 풍경을 사실적으로 묘사하기도 한다(「암소 La Vache」).

1843년 9월 4일은 위고의 생애에 있어 가장 슬픈 날이었다. 그것은 다름아니라 그의 큰딸 레오폴딘 Léopoldine과 사위 샤를 박크리 Charles Vacquerie가 함께 빌키에 촌의 센 강 하류에서 익사한 사고가 발생했기 때문이다. 이 날의 상처는 위고를 평생 괴롭혔으며 그의 시 작품에 보다 심대한 영향을 미치게 된다. 이 날의 슬픔은 그 자신의 시구를 통해 이렇게 표현되고 있다.

아, 나는 처음엔 미친 듯하여
사흘 동안 비통하게 울었을 뿐이다.

1845년 위고는 상원 위원에 당선됨으로써 딸을 잃은 고통에서 서서히 벗어나려 했으나 그의 정치적 생애 또한 순탄치 않았다. 그는 연단에 서서 억압 받는 국민의 고통을 열렬히 외치기도 했다. 또한 그는 공화주의자가 아니면서 자유를 부르짖는가 하면 사회주의자가 아니면서도 휴머니즘을 주장하는 식의 일견 모호한 정치적 태도를 나타내고 있었던 것 같다. 그는 루이 나폴레옹의 대통령 입후보를 도와 선거전을 벌였으나 도중 루이 나폴레옹이 입후보를 취소함에 따라 반대 당으로 옮겨 이른바 〈소(小)나폴레옹의 독재적 야심〉을 폭로하는 등 정치적 배신을 보이기도 했다. 이것이 계기가 되어 12월 혁명이 일어나자 그는 망명의 길에 오르지 않을 수 없게 된 것이다.

이리하여 약 20년에 달하는 위고의 긴 유배 생활은 시작되었다. 처음 그는 저지 Jersey 섬에 가족을 이끌고 정착했으나 영국 정부의 명령에 따라 1855년 건지 Guernesey 섬으로 다시 옮기지 않을 수 없게 된다. 그리고 이 유배 생활에서 그가 최초로 쓴 작품이 바로 『형벌 Châtiments』인데, 이는 처음 브뤼셀에서 성공리에 간행되어 지하망을 통해 파리의 독서계에까지 파급되었던 것이다. 이 시집에서 가장 눈에 띄는 것은 루이 나폴레옹에 대한 분노와 저주가 두드러지게 노출되어 있다는 점이다. 그에 의하면 이 신황제는 옛날 원숭이의 화신 같은 존재이며 따라서 신정부는 제1제정국의 만화판이라는 식이다. 그러나 전 6,000행을 넘는 이 풍자적 장시가 반드시 이런 정치적 실각에 의한 감정의 폭로만으로 씌어진 것은 물론 아니다. 당시의 정치적 격변으로 인한 여러 상황에 대한 묘사가 전제로 되어 있긴 하지만 시인은 결국 인류의 관용과 조용하고 순수한 인류의 진보를 또한 예견하고 있다. 종국에 있어 인류에게 중요한 것은 승리나 정복이 아니라 위대한 자세를 지키는 것 rester grand이라는 신념을 시인은 강조한다. 말하자면 『형벌』은 정치적 이상주의를 노래한 작품이라고 볼 수 있다.

1856년 위고는 그의 최대 걸작으로 인정되는 『관조 *Les Contemplations*』를 내놓는다. 그렇다고 해서 이 시집이 종래의 시와 전혀 다른 어떤 획기적인 작품을 담고 있는 것은 물론 아니다. 그것은 여전히 유년 시기의 회상과 그리움, 사랑의 고통과 슬픔, 삶의 비극적인 고통과 신의 섭리, 그리고 피안의 세계에 대한 그리움과 현실도피적인 심정의 토로——이를테면 낭만파 시의 기본적인 패턴을 그대로 집대성하고 있을 뿐이다. 그런데도 위고는 천편일률적인 지루한 감이 느껴지지 않을 정도로 시적 대상을 다양하게 도입하고, 주제에 따라 시형을 적절히 전개하고, 또한 매혹적인 이미지와 고도의 상상력으로 시세계를 발랄하게 구축하고, 풍부한 위트와 조화로써 서정적 미세계를 보여주고 있다. 이런 점으로 보아 『관조』는 마치 장엄한 교향악을 연상시키는 작품같기도 하며, 이것이 바로 이 작품의 특징이기도 한 것이다.

그런가 하면 위고는 프랑스 문학사상 손꼽히는 서사시를 남기기도 했는데, 그것이 바로 『세기의 전설 *La Légende des Siècles*』이다. 이 시의 제재는 성서, 신화 또는 일류 문화사에 입각한 것으로서 위고는 인류 창조의 문제를 서술적으로 읊고 있다. 그러나 위고는 문헌학적 사실에 치중하지 않고 어디까지 시적 입장을 지켜 상징적 진실성을 추구하는 데 목적을 두고 있다. 아마도 그는 다윈의 진화론에서 많은 영감을 받은 듯, 〈인류가 걸어온 미로의 신비스럽고 위대한 길, 그것은 바로 진화이다〉라고 말하는 것으로 보아, 인류 역사의 진보를 확신하고 있었던 모양이다. 사실 어느 시대에 있어서나 악은 선에 항거했지만 그러나 인류애는 자연과 신의 덕분으로 멸망하지 않았던 것이다. 그리고 이런 신념이 있어야만 인류의 진보도 의당 약속될 것이 아니겠는가.

이상에서 연대순으로 빅토르 위고의 시집을 소개하면서 그 내용을 간략하게 개관해 보았지만, 사실 그것은 위고 시의 윤곽만을 훑어본 것에 지나지 않는다. 그 방대한 양과 다양한 내용을 도시 간략하게 소개한다는 것조차 처음부터 무리한 짓일지도 모른다. 이렇게 본다면 위고를 비난하는 사람조차 과연 그의 작품을 어느 정도 읽은 것인지는 지극히 의심스럽다.

사실 여기에 번역한 작품도 그의 전 작품에 비하면 문자 그대로 빙산(氷山)의 일각(一角)이다. 빅토르 위고는 문학사상 드물게 보이는 하나의 거봉(巨峰)이다. 그는 한 개인으로서의 인간이 아니라 19세기 프랑스의 정치적·사회적·문화적 모든 여건이 잉태한 위대한 국민시인이다. 오늘날의 문학적 관심이 아무리 전세기와는 판이한 양상을 띠고 있다 하더라도 그가 프랑스 문학사에 젖줄을 대고 있는 이상 그의 가치는 절대적이다. 더구나 그가 비단 시에 있어서만 위대함을 발휘한 것이 아니라 소설과 희곡에 있어서도 혁신적인 면을 개척했음에랴…….

이 역시집 『옛 집을 생각하며』(구간——『올랭피오의 슬픔』)이 처음 간행된 것은 1976년, 그로부터 근 20년이 지나는 동안 시의 독자층도 다양해지고 그 수용 자세 또한 많이 달라진 것으로 보인다. 때문에 이번에 이 역시집을 전면적으로 수정, 보완할 수 있게 된 것은 역자로서도 기쁜 일이거니와 시기 적절한 일로 여겨진다. 이 역시집을 통해서는 지난번의 오류를 바로잡는 것은 물론 시 전체를 시대적 감각에 맞도록 고쳐 표현하려고 노력하였다. 그리고 위고의 시 9편을 새로 번역하여 이 수정본에 추가하였다. 그러나 이 모든 작업이 짧은 시일에 이루어졌기 때문에 혹시 잘못된 부분이 여전히 남아 있지 않을까 두려울 뿐이다. 이 점은 다시 후일을 기약하고자 한다.

연보

1802년 2월 26일 브장송 Besançon에서 출생. 부친 레오폴 시지스 베르 위고는 그 당시 브장송 주둔 사령관으로 복무.
1809년 파리로 옮겨 팡테옹 뒤에 있는 푀이앙틴 Feuillantines 수녀원 부속 가옥으로 이주.
1813년 장군으로 승진한 부친을 따라 스페인의 수도 마드리드로 이주.
1816년 볼테르 풍의 비극「이르타멘」집필.
1817년 아카데미 공쿠르 상 현상 모집에 응모하여 5등으로 입선.
1819년 서명 없이 최초로 인쇄된 작품「전신기 Le Télégraphe」 발표. 두 형과 함께 격주간 문예지《콩세르바투아르 리테레르》를 동년 10월부터 간행하기 시작하여 1821년 3월 31일까지 계속 발간.
1821년 모친 별세.
1822년 처녀시집『서정시편(抒情詩篇)』을 발표하여 루이 18세로부터 1,000프랑의 은급을 받음. 아델 푸셰와 결혼.
1826년 『담시집』발표.
1827년 희곡「크롬웰 Cromwell」을 발표함으로써 낭만파 연극 운동의 신기원을 이룩함.
1830년 「에르나니 Hernani」초연.
1831년 소설『노트르담 사원』발표. 시집『낙엽』발표.
1833년 여배우 쥘리에트 드루에와의 관계가 시작되어 이후 50년간 지속됨.
1835년 시집『황혼의 노래』출간.
1837년 시집『내면의 소리』출간.
1841년 아카데미 회원으로 선출.

1842년　희곡「성주 Les Burgraves」발표.
1843년　큰딸 레오폴딘 익사.
1845년　국회의원 당선.
1851년　쿠데타로 인한 정치적 실각으로 브뤼셀로 망명.
1852년　영국령 저지 섬으로 은신.
1853년　시집『형벌』간행.
1855년　영국 정부의 명에 따라 건지 섬으로 이주.
1856년　『관조 Les Contemplations』를 파리와 브뤼셀에서 동시에 간행.
1859년　서사시집『세기의 전설』간행.
1862년　장편 소설『레미제라블 Les Misérables』간행.
1866년　소설『바다의 일꾼 Les Travailleurs de la mer』발표.
1869년　소설『웃는 남자 L'Homme qui rit』발표.
1870년　왕정의 붕괴로 귀국.
1871년　국회의원 당선.
1872년　신정부에 실망하여 국회의원 직을 사임하고 옛 유배지인 오르빌 하우스 Haureville-House로 다시 가서 약 9개월 지냄.『무서운 연대 l'Année terrible』발표.
1876년　상원 의원으로 지명.
1877년　『세기의 전설』의 유보판 2권 간행. (1883)
1881년　시집『정신의 네 바람 Les quatre Vents de l'Esprit』간행.
1885년　5월 22일 사망. 그의 유해는 개선문 아래 안치되었다가 팡테옹 사원에 안장.

* 위고의 작품량은 워낙 방대하여 그중 중요한 것만을 대개 기록했다. 이밖에도 미간(未刊)의 유고가 아직 많다고 하나 그 내용은 자세히 알 수 없다.

옮긴이/송재영
서울대학교 문리대 및 동 대학원 불문학과 졸업
프랑스 몽펠리에 대학 문학박사
현재 충남대학교 불문과 교수
번역서 『사랑의 사막』(모리악) 『정오의 사상』(카뮈)
『아폴리네르 시선』 『미라보 다리』

세계시인선 39
옛 집을 생각하며

1판 1쇄 펴냄 1976년 3월 30일
1판 18쇄 펴냄 1991년 10월 30일
2판 1쇄 펴냄 1996년 8월 10일
2판 2쇄 펴냄 2014년 8월 8일

지은이 V. 위고
옮긴이 송재영
발행인 박근섭, 박상준
편집인 장은수
펴낸곳 (주)민음사

출판등록 1966. 5. 19. 제16-490호
서울특별시 강남구 도산대로1길 62(신사동)
강남출판문화센터 5층 (135-887)
대표전화 515-2000 팩시밀리 515-2007
www.minumsa.com

ⓒ (주)민음사, 1976, 1996. Printed in Seoul, Korea

ISBN 978-89-374-1839-6 04860
ISBN 978-89-374-1800-6 (세트)